5步 儿童时间管理法

商宁◎编著

新疆文化出版社

图书在版编目（CIP）数据

5步儿童时间管理法 / 商宁编著 . -- 乌鲁木齐：新疆文化出版社，2025.3. -- ISBN 978-7-5694-4779-8

Ⅰ . C935; G782

中国国家版本馆 CIP 数据核字第 2025MM0128 号

5步儿童时间管理法

编 著 / 商 宁

策 划	王国鸿	封面设计	天下书装
责任编辑	祝安静	责任印制	铁 宇
版式设计	凡琪文化		

出版发行	新疆文化出版社有限责任公司
地　　址	乌鲁木齐市沙依巴克区克拉玛依西街1100号（邮编：830091）
印　　刷	三河市嵩川印刷有限公司
开　　本	710mm×1000mm　1/16
印　　张	8
字　　数	140千字
版　　次	2025年3月第1版
印　　次	2025年3月第1次印刷
书　　号	ISBN 978-7-5694-4779-8
定　　价	59.00元

前言

　　亲爱的小朋友们，欢迎来到《5步儿童时间管理法》的奇妙世界！这是一本专门为你们设计的时间管理魔法书。无论你是喜欢冒险的小探险家，还是希望学会更多时间技巧的小魔法师，这本书将带领你们走上一段神奇的旅程，帮助你们掌握时间的力量。

　　在这个快节奏的世界里，我们每天都会遇到很多任务和挑战：要完成作业、练习兴趣爱好、帮助家人做家务，还想和朋友一起玩耍。有时候，事情多得让我们不知道从哪儿开始，而时间则像鸟儿一样总是偷偷地飞走了。

　　别担心，时间管理是一项我们可以学习和掌握的技能。它就像一门神奇的魔法，通过学习和练习，掌握了它的秘密，我们就能更好地安排时间，既能高效完成任务，又能享受玩耍和休息的快乐。

　　正如你们喜欢的冒险故事一样，这段学习掌控时间的旅程也是充满挑战和乐趣的，我们将通过五个简单的步骤，带领你们一步步成为学会时间管理的小魔法师。

　　第一步，种下梦想的种子。

　　我们会一起学习如何设定目标。你们的梦想是什么？通过设定清晰的小目标，你们可以一步步地实现这些梦想。目标就像是时间魔法师的指南针，帮助我们找到前进的方向。

第二步，绘制时间的魔法地图。

计划是让我们高效利用时间的关键。我们将学习如何制订计划，设计属于自己的时间地图。通过合理规划时间，我们可以保证每一项任务都有足够的时间去完成。

第三步，挖掘时间的宝藏。

学会分清主次是时间管理中非常重要的一环。我们会一起学习如何找出生活中真正重要的事情，学会优先处理那些对你们来说最重要的任务，让每一分每一秒都变得更有价值。

第四步，踏上勇敢的时间冒险之旅。

在时间的旅途中，我们难免会遇到各种挑战和突发事件。我们将学习如何灵活应对这些变化，学会在意外中坚持和调整，确保我们的时间安排能够应对所有的挑战。

第五步，时间的魔法宝库。

这一步也是最后一步，主要是回顾与反思。我们会学习如何定期反思自己在时间管理方面的得失，找出哪些地方做得好、哪些地方还可以改进。通过不断总结和提升，我们的时间管理技能将变得越来越强大。

这本书是为所有希望学会时间管理的小朋友们准备的。无论你现在觉得自己时间管理做得如何，这本书都可以帮助你更好地掌控时间。

无论你们的目标是什么，无论你们的梦想多么伟大，只要你们学会如何合理利用时间，所有的一切都将变得可能。让我们一起踏上这段神奇的旅程，成为掌控时间的魔法师吧！

加油吧，未来的时间探险家们！属于你们的时间魔法之旅即将开始！

目录

第一章

奇妙的时间之旅

- 时间藏在哪里？

- 一天 24 小时的魔法

- 谁偷走了我的时间？

时间藏在哪里？

小朋友们，你们有没有想过，时间到底是什么呢？它看不见、摸不着，像空气一样无影无踪，可是它却每天都在我们的生活里蹦蹦跳跳，影响着我们的每一个行动。今天，我们就要化身为"小探险家"，来一次寻找时间的奇妙冒险，看看时间究竟藏在哪里！

时间精灵的悄悄话

从前，有一个叫浩浩的小男孩，他和许多小朋友一样，每天都觉得时间好像总是不够用——早上起床总是觉得"时间不够了，没时间吃早餐"，上学时也常常因为"时间来不及"而差点迟到，放学回家更是觉得"时间飞走了，根本没时间玩耍"。于是，浩浩开始对时间产生了好奇——"时间到底是什么？它藏在哪里呢？"

一天晚上，浩浩做了一个神奇的梦。他梦见自己遇到了一个时间精灵。这个精灵小巧玲珑，闪着金色的光芒。时间精灵悄悄告诉浩浩："其实啊，我和我的时间兄弟姐妹们无处不在，只是你们没仔细找过我们。"

"那你们到底在哪里呢？"浩浩好奇地问。

时间精灵笑了笑，"我们就藏在你的一举一动之间。你看看你的日常生活，每个动作、每句话、每件事，时间都在其中流淌。比如，你从床上爬起来——时间溜过去了几分钟；你吃早餐——时间又跑掉了几分钟。我们呀，就像一条无形的小河，时刻陪伴着你呢！"

时间的流淌——从早到晚的小故事

浩浩听了时间精灵的话，开始回想自己的一天。哇，时间真的像一条小河一样，从早上到晚上，一直在静静地流淌！小朋友们，你们也可以和浩浩一起回忆你们的一天，看看时间都藏在哪里吧！

清晨的时间钟声

还记得早晨闹钟响起的那一刻吗？叮铃铃，时间从你的睡梦中跳了出来，提醒你是时候啦，该起床啦！可是有时候，你却懒洋洋地翻个身，继续躲在被窝里。"再睡五分钟！"你心里想着，可是时间精灵早已悄悄告诉你："这五分钟可不是免费的哦！"

早餐时间的脚步声

当你终于从床上爬起来走向厨房时，时间已经跟着你一起走过了房间。你准备了一份香喷喷的早餐，嗯，吃一口、喝一口，可是——你有没有发现，时间也在跟着你一起享受这顿早餐呢？每咬一口面包，时间的沙漏就悄悄漏掉了一点点。

上学路上的时间飞行

当你背上书包飞奔向学校时，时间仿佛变成了一只快速飞行的小鸟，在你身后嗖嗖飞过。有时候，你想要和时间赛跑，但却发现，不管你跑得多快，时间都在前面等着你。"快点，不然就要迟到了！"时间精灵提醒你，继续努力向前吧！

课堂上的时间小精灵

到了课堂上，时间精灵会变成一只认真的小书虫，陪伴你一起学习。当你专心听讲、认真做作业时，时间精灵就会开心地和你一起飞速前进；

可如果你在课堂上偷偷发呆，时间精灵却会调皮地溜走，让你觉得"怎么时间过得这么慢？"

放学后的时间追逐

当放学的钟声响起，你最期待的就是回到家玩耍了。可是，时间精灵却又开始了它的捉迷藏游戏——如果你不注意，它就会偷偷跑掉，让你觉得玩耍的时间总是太短。这个时候，你需要抓住时间精灵的翅膀，学会合理安排时间，才能让每一分钟都变得有趣而充实。

时间藏在哪里？——让我们一起寻找

浩浩和我们的小朋友们都知道了，时间藏在我们的一天之中，从早晨起床到晚上睡觉，时间无时无刻不在，和我们一起走过每一个瞬间。但问题是，我们经常会不小心"丢失"时间。你有没有这样的经历：本来打算玩五分钟玩具，但一不小心玩了一个小时？本来计划读书十分钟，却被电视吸引而忘了时间读书计划落空？

时间精灵告诉我们，要找到时间藏在哪里，首先要学会观察。时间不像玩具、糖果那样能直接看见，但它会以不同的方式提醒你它的存在。比如，你可以通过钟表、日历、上课铃等工具感受到它的脚步，还可以通过计划和安排，帮你更好地发现和掌握时间。

时间的第一课——用好每一分钟

小朋友们，既然我们已经找到了时间藏在哪里，接下来就要学会和时间做好朋友了！你有没有想过，如果时间精灵是你的好朋友，你该怎样和它一起玩呢？答案就是：珍惜每一分钟！

在未来的日子里，我们将一起学习如何管理时间，让每一分钟都变得有意义、有趣！我们可以通过制订计划、设定目标、合理安排学习和玩耍的时间，让生活变得井井有条。这样，不仅可以让我们学会更多的知识，还能有更多的时间和时间精灵一起快乐玩耍。

小探险家的任务：时间小笔记

现在轮到你们啦！作为一名时间小探险家，你们的任务是观察今天的时间都跑到哪里去了。你可以拿出一本小笔记本，记录下自己一天里的活动，看看你花了多少时间在起床、吃早餐、上学、做作业、玩耍和睡觉上。通过这些记录，你会发现原来时间一直都在你身边，只要你注意，它们就不会再轻易溜走啦！

小朋友们，今天的时间小探险就到这里了。下次见面，我们会继续学习时间的秘密。记住，时间精灵无处不在，只要你用心去发现，它们就会成为你最好的伙伴。加油，小探险家们！

一天24小时的魔法

小朋友们，你们有没有想过，一天的24小时到底是什么样子的？你们或许会觉得，一天好长好长，可一不小心，太阳就落山了，夜晚又来了。每一天，时间都像一个神秘的魔法师，在我们眼前变换着不同的场景，把阳光变成星星，把早晨变成夜晚。今天，我们就来探秘这个神奇的时间魔法，看看24小时里到底藏着什么样的魔法秘密！

时间魔法师的秘密钟表

从前，有一位神奇的时间魔法师，他拥有一块特别的魔法钟表。这个钟表有12个小时的白天和12个小时的黑夜，每当钟表的指针走完一圈，白天就会悄悄变成夜晚，夜晚又会悄悄变回白天。魔法师告诉我们："每一天的24小时里，魔法钟表都会运转一次，把时间分配给不同的活动。谁能掌握这块钟表的秘密，谁就能成为时间的主人！"

浩浩听说了这个魔法钟表的故事，决定去寻找时间魔法师，学习如何掌握一天24小时的魔法。他好奇地问："魔法师爷爷，为什么一天要有24小时呢？它们都有什么不同的作用吗？"

魔法师笑了笑，说："一天的24小时啊，虽然看起来一样，但它们都有自己的小魔法。你看，白天的小时们负责让太阳升起、带来光明；而夜晚的小时们负责给你安静的时间，让你休息。现在，让我带你去看看每个小时的小魔法吧！"

清晨的魔法唤醒

时间魔法的第一站，就是清晨的魔法时刻！清晨的时间总是带着一种清新的味道，就像草地上的露珠和第一缕阳光。这是一天中非常特别的时刻，因为当钟表的指针指向早上6点到8点的时候，魔法师会悄悄地为整个世界施展"唤醒魔法"。

你有没有注意到，清晨的阳光总是比正午的阳光要温柔？这是因为清晨的魔法师会轻轻地推走夜幕，让温暖的光芒慢慢洒下来，唤醒沉睡中的世界。鸟儿们开始唱起歌，小草也伸了个懒腰，树叶上的露珠在阳光下闪闪发光。这个时候的时间魔法，让所有的生命都从梦中醒来，准备迎接新的一天。

而对于我们的小朋友们来说，清晨的时间魔法就是你从温暖的被窝里爬出来，开始一天的新冒险！如果你能在清晨和时间魔法师一起起床，那你就会拥有更多时间来准备一天的生活，比如吃一顿营养丰富的早餐、和家人一起聊聊天，甚至还有时间静静地享受一下早晨的阳光。

上午的学习魔法

时间魔法的下一站，就是上午的魔法时间。这段时间通常是一天中最充满活力的时刻。魔法钟表的指针在9点到12点之间悄悄转动，释放出一种叫做"专注魔法"的特别能量。这个时候，你的头脑最清醒，精力也最充沛，所以这是学习新知识的最佳时刻！

上午的时间总是过得飞快。浩浩在学校上课时，他能够集中精力听讲，回答问题也特别积极。时间魔法师告诉他："上午的专注魔法特别强大，只要你愿意专心学习，就会发现，知识会像魔法一样轻松地进入你的脑海里。数学题、拼音、英语单词……都不会难倒你！"

所以，小朋友们，如果你在上午的学习时间能够好好利用这段"专注魔法"，你会发现，学习起来不再那么费力。时间精灵们会在你身边帮忙，帮助你更快地掌握知识，让你的大脑像一块海绵一样，轻松吸收每一个知识点。

中午的能量补给魔法

时间魔法的第三站，就是中午的魔法时间。经过了一整个上午的学习和活动，时间魔法师决定给你们一段特别的休息时间，这就是12点到1点的"能量补给魔法"。

中午的时间是你为身体和大脑补充能量的时刻。吃上一顿美味的午餐，时间魔法师会施展"能量补给魔法"，让食物中的营养进入你的身体，为接下来的活动"充电"。

浩浩最喜欢中午的时间，因为他可以和同学们一起吃午饭。时间魔法师告诉他："中午的魔法是为了让你恢复体力和精神，这样你就能在下午的时间里继续保持活力。"

小朋友们，中午的时间不仅仅是吃饭的时间，也是让你们休息和放松的好机会。你们可以和朋友们聊聊天，放松心情，为接下来的学习和玩耍做好准备。记住，能量补给魔法可是一天中不可或缺的一部分哦！

下午的创造力魔法

接下来就是下午的时间了！下午1点到4点之间，时间魔法师会施展"创造力魔法"。这段时间，你的大脑会变得特别活跃，创意的火花会像烟花一样时不时地在你的脑海中炸开。

下午是属于创造和动手的时刻。浩浩在下午的时间里总是会做些有趣的活动，比如画画、做手工、搭积木或者参加体育活动。时间魔法师告诉他："下午的魔法能够激发你的想象力和创造力，让你变得更加灵活和聪明。"

如果你有喜欢的手工项目，或者喜欢搭积木、画画，那下午的时间就是最适合这些活动的时刻。时间魔法师会帮助你把每个奇思妙想变成现实。你可以创造出属于自己的艺术作品，或者建造一个神奇的积木城堡，甚至可以设计一个全新的游戏规则！这段时间里，魔法精灵会带领你进入创意的世界，让你的想象力自由飞翔。

傍晚的反思魔法

时间到了傍晚，5点到7点之间，时间魔法师开始施展"反思魔法"。这段时间是一天的收尾阶段，你可以坐下来，回想一下今天都做了些什么。

浩浩在傍晚的时间里，总是会和家人一起吃晚饭，分享自己一天的故事。他会告诉爸爸妈妈自己今天学到了什么新知识，完成了哪些有趣的任务，遇到了什么样的挑战。这段时间，时间魔法师会鼓励你们回顾一天的经历，并反思自己的表现，看看有没有可以改进的地方。

反思魔法不仅仅是为了让你回顾今天的活动，也是为了帮助你更好地计划明天的事情。小朋友们，傍晚的时间是一个很好的机会，可以让你安静下来，整理一下自己的思绪，理清今天的事情，并为明天做好准备。时间魔法师会陪伴在你身边，帮助你找到今天的亮点和不足，让你每天都在进步。

夜晚的休息魔法

最后，时间魔法师带我们来到了夜晚的魔法时间。晚上8点到10点之间，魔法钟表进入了"休息魔法"的阶段。这段时间是为了让你们的小身体和大脑得到充分的休息和修复。

浩浩在晚上会洗漱好，穿上舒适的睡衣，躺在床上，准备进入梦乡。时间魔法师会悄悄施展"安眠魔法"，让你在夜晚进入深深的睡眠。在睡梦中，你的身体会慢慢恢复活力，为新的一天做好准备。

小朋友们，夜晚的时间非常重要，因为它可以帮助你们在睡觉时长高、变强、恢复体力。时间魔法师会在夜晚悄悄地守护你们，让你们的每一晚都充满美梦，为明天积蓄力量。

时间魔法的24小时循环

浩浩终于明白了，原来一天的24小时里，时间魔法师一直在身边施展不同的小魔法。每个小时都有自己的独特作用，帮助你学习、休息、创造和成长。而一天结束后，魔法钟表会重新开始新一轮的循环，让每一个新的一天都充满新的机会和魔法。

小朋友们，掌握时间的魔法，就是掌握一天的24小时。你们可以通过合理安排时间，利用不同的魔法时刻，让自己在一天中变得更加高效、快乐和健康。记住，每一分钟都很宝贵，时间魔法师会陪伴你们度过每一个精彩的瞬间。

小探险家的任务：时间魔法日记

现在轮到你们了！作为时间小探险家，今天的任务是记录你们的一天。你可以在笔记本上画一个大大的钟表，把24小时分成不同的时间段，记录下每个时间段你都做了什么事情。看看你是不是掌握了时间魔法师的小秘密，是否有效利用了每一个小时的魔法能量！

希望你们能发现时间的神奇之处，成为真正的时间魔法师！加油，小探险家们，明天的时间冒险还在等着你们呢！

谁偷走了我的时间？

小朋友们，你们有没有这样的时候：明明刚刚开始玩玩具，时间却像一只调皮的小猫咪，一下子就不见了？或者，刚刚打开书准备读几页，结果不知不觉，时间就溜走了，天已经黑了。时间到底是怎么偷偷跑走的呢？今天，我们要成为"时间小侦探"，一起调查这个神秘的案件，看看是谁偷走了我们的时间！

时间侦探队成立！

我们的故事从一个普通的下午开始。浩浩正在写作业，想着："嗯，今天一定要在30分钟内完成数学题，然后再玩一会儿！"可是一眨眼，似乎才刚开始写，时间就像风一样吹过，30分钟不见了！浩浩惊讶地发现，自己的数学题只做了两道！

"这不对劲！"浩浩自言自语地说，"肯定有什么东西在偷走我的时间！"于是，他决定成立一个"时间侦探队"，由他自己担任队长，开始调查这个时间失踪的谜案。

小朋友们，你们也可以加入浩浩的时间侦探队，和他一起寻找线索，抓住那些偷走时间的小偷！准备好了吗？侦探行动开始！

第一个嫌疑人：拖延怪兽

时间侦探队的第一个线索指向了一个叫"拖延怪兽"的嫌疑人。浩浩回忆了一下，他好像在写作业之前，先决定看一会儿窗外的风景，然后又偷偷玩了几分钟的橡皮泥，结果"时间不见了"。

"拖延怪兽"是个非常狡猾的时间小偷。它会悄悄地躲在你身边，等你不注意的时候，它就会跳出来，用各种借口让你去做别的事情。比如，它会在你写作业时轻轻对你耳语："要不再玩一分钟手机吧，不会耽误太多时间的。"或者，"哎呀，你今天已经很累了，先休息一下再继续吧！"

时间侦探队的任务就是抓住这个"拖延怪兽"。浩浩想到一个好办法：每次当他准备拖延时，他会给自己定一个小小的奖励。"如果我能在接下来的15分钟内不被拖延怪兽打扰，我就给自己一颗小糖果！"通过这样的小挑战，浩浩发现自己可以更专注地完成任务，而"拖延怪兽"也就没有机会偷走他的时间了。

小朋友们，你们也可以试试这个方法哦！当拖延怪兽想要偷走你们的时间时，和它玩个小比赛，看谁能坚持得更久！

第二个嫌疑人：分心精灵

时间侦探队继续调查，发现第二个嫌疑人是"分心精灵"。这个小家伙可爱又调皮，总是会让你在做一件事情的时候，突然开始想另一件完全无关的事。

比如，浩浩有一次在写语文作业，写着写着，突然想起了他最喜欢的动画片。于是，他放下笔，开始在脑海里想着动画片里有趣的情节。就这样，时间悄悄溜走了，而作业还没有写完。

"分心精灵"可谓是时间的"超级小偷"，它擅长用各种有趣的事情分散你的注意力。它会让你突然想起昨天下午的足球比赛，或者让你开始想着晚饭吃什么。每次当你专心致志的时候，它就会跳出来，对你耳语：

"嘿，先别管作业了，想想昨晚你看到的那个搞笑视频吧！"

"时间侦探队"决定制定一个对付"分心精灵"的计划。浩浩想到了一个有趣的办法：每次当他开始分心时，他会对自己说："哦，分心精灵来了！我要把它关进小瓶子里，继续专心做我的事！"然后，浩浩会把注意力重新集中在当前的任务上，不再给"分心精灵"捣乱的机会。

小朋友们，如果你们也有分心的困扰，试试想象"分心精灵"是一个调皮的小家伙，要把它关在一个想象的小瓶子里，告诉自己要专注完成手上的任务！

第三个嫌疑人：懒惰蜗牛

接着，时间侦探队发现了第三个嫌疑人——"懒惰蜗牛"。这个时间小偷和它的名字一样，行动缓慢，它会让你做事情的速度变得像蜗牛一样慢吞吞。

有时候，浩浩发现自己本来可以很快完成的事情，却因为"懒惰蜗牛"的影响，拖得好久。比如，他本来应该在10分钟内完成一页作业，但"懒惰蜗牛"会让他磨磨蹭蹭，笔在纸上画了又停，结果作业花了半个小时都没写完。

"懒惰蜗牛"喜欢让你把动作变慢，它会偷偷对你说："不用着急，慢慢来，还有很多时间呢。"于是，你的动作变得越来越慢，而时间却在它的掩护下，一点一点被偷走了。

浩浩决定对"懒惰蜗牛"采取行动。他开始给自己设定"小比赛"，比如："我要在10分钟内完成这道数学题，看能不能超过蜗牛的速度！"通过这样的比赛，浩浩发现自己可以提高速度，变得更加有效率。

小朋友们，如果你们觉得自己被"懒惰蜗牛"影响了，也可以给自己设定一些小目标和时间限制，"和蜗牛比速度"，看谁能更快完成任务！这样，你们会发现，时间不再那么容易被偷走了。

第四个嫌疑人：时间迷宫

在调查的过程中，时间侦探队还发现了一个特别的嫌疑人——"时间迷宫"。这个迷宫神秘而复杂，它让人深陷其中，从而迷失了方向。

浩浩有一次打算先做作业，再玩半小时的游戏。然而，当他打开游戏时，没想到自己不知不觉玩了一个小时！时间迷宫把他困住了，他在里面转来转去，忘了原本的计划。

时间迷宫是由一连串有趣但耗时的事情构成的。它会让你从一件事情跳到另一件事情，比如先看几分钟动画片，然后又开始刷手机，再玩玩具……最后，你完全忘记了自己原本应该做的事情，时间就这样被迷宫吞噬了。

浩浩决定使用"时间导航仪"——也就是他的计划表来对抗时间迷宫。他每天都会提前制订一个小计划，把时间分配给不同的活动，并且严格按照计划进行。如果他发现自己偏离了计划，就会立刻调整，重新找到正确的方向。

小朋友们，如果你们也经常陷入"时间迷宫"，可以试试制订一个小计划。把今天要做的事情列出来，安排好每件事的时间并严格遵守计划，这样你就不会在迷宫里迷路啦！

时间侦探的终极法宝：时间放大镜

时间侦探队在调查的过程中，学到了很多关于时间小偷的秘密。他们发现，面对拖延怪兽、分心精灵、懒惰蜗牛和时间迷宫，最有效的武器就是时间放大镜。

什么是时间放大镜呢？其实它就是专注和计划！当你拿起时间放大镜，仔细观察自己每一天的时间流向，就会发现时间小偷们藏在哪里。你可以通过专注于手头的任务，保持注意力不被分散，或者通过制订合理的计划，避免陷入时间迷宫。

浩浩每天都会用"时间放大镜"记录自己的时间，检查哪些时间被浪费了，哪些时间利用得很好。他发现，通过观察和调整，自己越来越擅长抓住时间，时间小偷们也越来越难偷走他的时间了。

小朋友们，你们也可以成为时间侦探，用时间放大镜观察你们的一天，看看时间小偷是不是在偷走你们的时间！只要保持专注和计划好每一天，你们一定能战胜这些调皮的时间小偷，成为真正的时间大师！

时间侦探的最终任务：守护时间宝藏

时间侦探队的最后一项任务，就是守护他们最珍贵的宝藏——时间！浩浩明白了，时间是无价的，它是我们每一天中最重要的财富。只要我们学会如何利用它，就能在学习、玩耍和生活中找到最大的乐趣。

时间侦探队的任务还在继续，浩浩和他的朋友们每天都在努力寻找和守护他们的时间宝藏。而你们，小朋友们，也可以加入这个侦探队伍，一起对抗那些狡猾的时间小偷，让时间成为你们最好的伙伴。

记住，每一天都是一次新的时间冒险，让我们一起拿起时间放大镜，观察、计划、专注，守护好我们自己的时间宝藏！

第1步
梦想的种子

我的梦想宝盒

　　小朋友们，你们有没有自己的梦想呢？也许是成为一名勇敢的宇航员，去探索无尽的星空；也许是成为一名伟大的艺术家，用画笔描绘出五彩缤纷的世界；又或者你想成为一名发明家，发明一些能让生活变得更加美好的东西。无论你的梦想是什么，它都是你心里最珍贵的小种子。而今天，我们要做的就是学会如何保护好这颗小种子，让它慢慢长大，最终成为一棵开花结果的大树！

　　不过，想要梦想开花结果，我们需要一个特别的工具——梦想宝盒。今天，浩浩和你们一起将开始使用梦想宝盒，把每一个小目标都装进去。梦想宝盒将帮助我们慢慢实现那些看似遥远但又充满魔力的梦想。

梦想宝盒的魔法故事

　　在一个遥远的时间王国里，住着一位叫"格瑞"的小魔法师。格瑞有一个特别的宝贝，那就是他父亲传给他的梦想宝盒。这个宝盒看起来并不大，但它却有着无穷的魔力。只要你把自己的梦想种子放进去，并且每天对它付出努力和关爱，梦想就会慢慢发芽、长大，最终成为一棵巨大的梦想树，结出美丽的果实。

　　一天，浩浩在梦里遇到了格瑞。格瑞向他展示了他的梦想宝盒。浩浩看着那些在宝盒里慢慢长大的梦想树，惊叹不已："哇，格瑞，我也有很多梦想，但我不知道该怎么让它们变成现实。你能教教我吗？"

格瑞笑着说："当然可以！梦想宝盒不是魔法师的专利，每个人都可以拥有一个属于自己的梦想宝盒。只要你有梦想，并且愿意设定一个个小目标来实现它们，梦想宝盒就会帮助你保护和实现这些梦想。"

于是，格瑞决定教浩浩如何制作和使用梦想宝盒，并告诉他，每一个伟大的梦想都是从一个小小的目标开始的。只要你认真设定目标，并坚持不懈地努力，这些小目标会一步步带你走向你的大梦想。

如何制作梦想宝盒

小朋友们，你们是不是也想拥有一个像格瑞一样的梦想宝盒呢？不用担心，你们也可以制作自己的梦想宝盒，它会成为你们实现梦想的好帮手！让我们一起来学习如何制作梦想宝盒吧！

步骤1：准备宝盒

首先，你需要准备一个盒子。这个盒子可以是一个小木盒、一个旧的鞋盒，或者一个漂亮的铁盒，只要是你喜欢的盒子都可以。你可以装饰它，把它变得独一无二。浩浩找到了一个旧的饼干铁盒，他用彩纸、贴纸和画笔装饰了它，让它看起来像是一个充满魔法的宝盒。

你也可以给你的梦想宝盒起一个特别的名字。浩浩给他的宝盒起名叫"梦想之星"，因为他觉得每一个梦想就像夜空中的星星闪闪发光，指引他前进的方向。

步骤2：写下梦想种子

接下来，你需要想一想自己的梦想是什么。梦想可以很大，比如环游世界；也可以很小，比如学会骑自行车。梦想是不分大小的，只要是你内心真正渴望的，它就是你的梦想。

浩浩有好几个梦想，他想成为一名画家，创作出美丽的画作；他还想学会弹钢琴，给家人演奏一首动听的乐曲。他把这些梦想都写在了彩色的小纸条上，然后小心翼翼地折好，放进了他的梦想宝盒里。

小朋友们，你们也可以像浩浩一样，把自己的梦想写在纸条上，然后折好放进宝盒。你会发现，当这些梦想被装进梦想宝盒时，它们不再只是停留在你脑海里的想法，而是变成了一个个真正的小种子，等待着被你用行动去灌溉。

步骤3：设定小目标

梦想宝盒的魔力不只是在于它能保存你的梦想，更重要的是，它会帮助你把这些梦想一步步实现。实现梦想的关键，就是设定小目标。

每一个梦想其实都是由很多个小目标组成的。比如，如果你的梦想是成为一名画家，那你可以把它拆解成几个小目标，比如：

- 学会基本的绘画技巧。

- 每天画一幅小画。

- 研究大师的绘画作品，寻找灵感。

每实现一个小目标，都是朝着大梦想迈进了一步。浩浩决定把这些小目标也写下来，并放进他的梦想宝盒里。这样，每当他打开宝盒时，他就会看到自己要完成哪些小目标，从而保持前进的动力。

梦想宝盒的力量：一步步接近梦想

梦想宝盒并不是让梦想变成现实的"魔法开关"，而是帮助你管理梦想和目标的好伙伴。它能让你的梦想变得更加具体和可行，同时让你清楚地看到通往梦想的每一步。

坚持梦想的力量

浩浩发现，有了梦想宝盒之后，他的梦想不再像以前那样遥不可及，而是变得一步步清晰起来。他每天都打开宝盒，查看自己设定的小目标，并且坚持努力去完成它们。比如，为了实现他的画家梦想，浩浩每天都会抽出30分钟的时间练习画画；为了成为一名钢琴家，他每天都会弹半小时的琴。

虽然这些目标看起来很小，但当浩浩坚持每天去做的时候，他发现自己离梦想越来越近了。每当完成一个小目标时，他都会在梦想宝盒里放一个小小的奖章，代表他取得的成就。这些小奖章让浩浩感到自己每天都在进步，同时也增强了他继续前进的信心。

保持梦想的新鲜感

有时候，梦想可能会变得有些模糊，尤其当我们遇到困难或者觉得离目标太远时。这时候，梦想宝盒可以帮助我们保持梦想的新鲜感。每当浩浩感到有些迷茫或失去动力时，他会打开梦想宝盒，重新阅读那些写在纸条上的梦想和小目标，提醒自己为什么最初选择了这些梦想。

梦想宝盒还可以帮助你调整目标。如果你发现自己设定的某个小目标不再适合，或者你的梦想发生了变化，你可以把旧的目标纸条取出来，换上新的目标。浩浩有时候也会调整自己的小目标，比如当他觉得每天画一幅画有些困难时，他把目标改为"每周完成两幅画"。这种灵活的调整让他始终能够在梦想的道路上保持前进。

梦想宝盒游戏：设定和追踪目标

现在轮到小朋友们啦！你们可以通过玩"梦想宝盒游戏"来设定自己的小目标，并一步步追踪它们的进展。

游戏规则：

制作梦想宝盒

找一个你喜欢的盒子，并装饰它，让它成为你的梦想宝盒。

给梦想宝盒起个特别的名字，比如"梦想之船"或"未来的钥匙"。

写下梦想种子

想想你的梦想是什么，并将它们写在彩色纸条上。你可以有一个或多个梦想。

把这些梦想纸条折好，放进梦想宝盒里。

设定小目标

将每一个梦想拆解成几个小目标，写在小纸条上。

比如，如果你的梦想是成为一名优秀的运动员，你可以设定一些小目标，比如"每天跑步15分钟"等。

追踪进展

每当你完成一个小目标时，可以在梦想宝盒里放一个小奖章或贴纸，代表你取得的进步。

你还可以每周打开梦想宝盒，看看自己完成了哪些小目标，并给自己鼓励和奖励。

调整目标

如果你发现某个小目标有些难以完成，或者你的梦想发生了变化，不要担心！你可以随时调整目标，让它更适合你当前的情况。

让梦想在宝盒中成长

浩浩通过使用梦想宝盒，学会了如何把大梦想变成一个个小目标，并坚持不懈地去实现它们。梦想宝盒不仅帮助他保持动力，还让他在追逐梦想的过程中，时刻感受到成就感和进步的喜悦。

小朋友们，现在轮到你们把梦想种子放进梦想宝盒了！记住，梦想不只是一个遥远的愿望，而是由一个个小目标构成的旅程。只要你们每天坚持努力，梦想宝盒会帮助你们一步步实现这些愿望，让它们最终开花结果。

　　拿起你的梦想宝盒，开始这一段充满魔力的冒险吧！加油，未来的梦想家们，你们的梦想就在前方等着你们实现！

让梦想成真的魔法公式

小朋友们，你们知道吗？梦想成真并不是只靠运气，实际上，它就像一个神奇的魔法公式，只要你掌握了这个公式，你就能把看似遥远的梦想变成现实！今天，我们要一起学习这个"目标小魔法"，它会教你如何通过一系列简单的步骤，一步步接近你的梦想。准备好了吗？让我们一起揭开这个神奇的魔法公式吧！

魔法师的小秘密

从前，有一位老魔法师，他一生都在帮助人们实现梦想。他的魔法书中有一个特别的章节，讲述着"梦想成真的魔法公式"。但是，老魔法师告诉所有的学徒："要记住，这个公式不仅仅是写在书里的，它必须通过行动来激活。如果你按照公式去做，它就会像魔法一样发挥作用。"

浩浩是一个非常好奇的孩子，他一直在寻找让梦想成真的方法。一天，他幸运地遇见了这位老魔法师。浩浩问："魔法师爷爷，我有很多梦想，可是有时候我不知道该怎么去实现它们。你能告诉我那个魔法公式吗？"

老魔法师笑了笑："当然可以！实现梦想的魔法公式并不复杂，但它需要你用心去执行。这个公式只有在你坚持努力的情况下，才能发挥出真正的魔力。"

　　于是，老魔法师向浩浩展示了"让梦想成真的魔法公式"，并耐心地解释了每一个步骤。浩浩认真地记下了这些步骤，并决心用这个魔法公式来实现自己的梦想。

让梦想成真的魔法公式

　　老魔法师告诉浩浩，这个公式由四个简单的步骤组成，每一个步骤都像是魔法中的一个咒语，只要你按照顺序完成，它们就会共同作用，帮助你接近你的梦想。这四个步骤就是：明确目标 + 制订计划 + 每日行动 + 持续调整。

　　让我们一起来看看每一个步骤是如何发挥魔力的吧！

　　第一步：明确目标

　　老魔法师说："一切魔法的开始，都是从明确目标开始的。你必须清楚地知道自己想要什么，这样魔法才能知道它该朝哪个方向施展。"

　　浩浩想起自己曾经有很多想法，但这些想法有时候太模糊了，让他不知道从哪里开始。老魔法师提醒他："梦想必须变得具体。如果你只是说'我想成功'或'我想变得很厉害'，这个目标太模糊了，魔法无法发挥作用。你需要把梦想变得具体和明确，这样魔法才能找到正确的方向。"

　　于是，浩浩开始将他的梦想变得更加具体。他不再简单地说"我想成为一名画家"，而是将它具体化为："我想在一年内创作10幅美丽的画，并举办一次小型的画展。"这样，浩浩的目标变得非常清晰，魔法公式的第一步成功完成！

　　小朋友们，你们也可以像浩浩一样，把自己的梦想变得具体。想一想，你究竟想要达到什么？是不是有一些更具体的目标可以帮助你更清楚地知道自己要走的路呢？

第二步：制订计划

"光有目标还不够，"老魔法师继续说道，"你还需要一份详细的计划。计划就像是魔法的路径，它能指引你一步步朝着目标前进。"

浩浩明白了，如果没有计划，梦想可能就会像一片浮萍，随波逐流，最终可能会迷失方向。因此，他开始为自己的梦想制订一份详细的计划。

浩浩的目标是成为一名画家并举办画展。于是，他制订了如下计划：

• 学习绘画技巧：每周学习两次新绘画技巧，跟随在线课程学习不同的绘画风格。

• 练习和创作：每天花30分钟进行绘画练习，一周创作一幅小作品。

• 搜集灵感：每月去一次美术馆或者走进大自然，寻找创作灵感。

• 展示作品：半年后开始策划画展，整理和完善自己已经创作的作品。

浩浩的计划非常详细，每个步骤都安排得很清楚，这让他知道每一天该做些什么。他不再感到迷茫，因为他的计划像是一张魔法地图，帮助他指引方向。

小朋友们，你们也可以为自己的梦想制订一份计划的。无论你的梦想有多大或多小，只要你有了计划，你就能清楚地知道下一步该怎么走。制订计划是激活魔法公式的重要一步，它能让你一步步接近目标。

第三步：每日行动

"制订计划之后，最关键的一步就是——行动！"老魔法师说得很坚定，"没有行动，魔法公式就不会生效。每一天的行动都是一次施展魔法的机会。"

浩浩深知这个道理。他知道只有梦想和计划是不够的，如果不去实践，一切都只是空想。因此，他决定每天都采取行动，哪怕只是完成一小步，也要坚持下去。

每天早上，浩浩都会看一下自己的计划表，并决定当天要完成的任务。比如，有时候他会学习一个新的绘画技巧；有时候他会进行绘画练习；还有时候，他会出去走走，寻找灵感。无论任务大小，他都会坚持每天做一些事情。

老魔法师告诉浩浩："魔法公式的真正力量在于'持续地行动'。你不需要一天就完成所有的事情，但只要你每天都采取行动，梦想就会慢慢成真。"

小朋友们，你们也可以像浩浩一样，把每日的行动当作一次施展魔法的机会。哪怕是很小的行动，也能带来巨大的变化。只要每天都向目标迈进一步，梦想最终一定会成真！

第四步：持续调整

"有时候，魔法的路径并不是一条直线，"老魔法师说，"你可能会遇到一些意外，或者发现计划需要调整。不要害怕，调整也是魔法的一部分。"

浩浩在实现梦想的过程中，偶尔也会遇到一些挑战。有时候，他可能觉得某些绘画技巧很难掌握，或者有时候他会觉得进展比预期慢。这时候，他并没有气馁，而是学会了调整计划。

老魔法师告诉他："当你遇到困难时，不要把它当作失败。相反，你要灵活应对，调整你的计划，找到新的解决方法。这就是魔法公式的第四步——持续调整。"

于是，浩浩根据自己的进展灵活地调整了计划。他可能会把某些任务延长一些时间，或者换一个角度去尝试新的绘画风格。通过这种调整，他不仅克服了困难，还不断完善了自己的技能。

小朋友们，你们也有可能会在实现梦想的过程中遇到挑战。这时候，不要放弃，而是要学会调整。找到新的方法，重新规划前进的路，你会发现每一次调整都会让你离梦想更近一步。

目标小魔法的力量

通过学习和实践"让梦想成真的魔法公式"，浩浩感受到了目标小魔法的真正力量。他发现，梦想并不是遥不可及的，只要你明确目标，制订计划，每天行动，并持续调整，梦想就会慢慢靠近你。

浩浩逐渐接近了他的梦想，最终成功举办了一次画展。他的作品受到了大家的喜爱和赞扬，而他也因此更加坚定了自己的梦想之路。他知道，只要他继续使用这个魔法公式，他一定能实现更多的梦想。

小朋友们，目标小魔法的力量不仅仅适用于浩浩，它同样可以帮助你们实现自己的梦想。无论你的梦想是什么，只要你按照这个魔法公式去做，你一定能把梦想变成现实。

练习目标小魔法

现在轮到你们啦！通过以下几个简单的步骤，你们也可以开始使用目标小魔法，朝着自己的梦想前进：

步骤1：明确目标

想一想你最想实现的梦想是什么，把它变得具体和明确。

比如："我想在三个月内学会弹奏一首钢琴曲。"

步骤2：制订计划

列出实现这个梦想所需要的步骤。

比如："每天练习15分钟；每周学习一部分曲子；一个月内掌握整首曲子。"

步骤3：每日行动

每天采取行动，即使是很小的一步，也要坚持去做。

比如："今天学习曲子的开头，明天练习手指的灵活度。"

步骤4：持续调整

如果遇到困难，不要气馁，调整你的计划，让它更适合你。

比如："调整练习时间，或者尝试不同的方法来学习。"

只要你们掌握了这个魔法公式，梦想的种子就会在你们的心中慢慢发芽，最终长成参天大树。加油吧，小小魔法师们，你们的梦想就在前方等着你们去实现！

我的目标树

小朋友们，你们有没有见过一棵大树，树上长满了绿油油的叶子？这棵树看起来生机勃勃，每一片叶子都代表着生命力和成长。今天，我们要来学习如何种植一棵"目标树"，而这棵树上，每一片叶子都代表你完成的一个小目标。当你不断地实现一个个小目标，你的目标树就会长出更多的新叶，变得越来越茂盛，目标树也会变得越来越高大。

目标树的故事

从前，有一个神奇的森林，里面的每一棵树都是由孩子们的目标种子长出来的。这些树有的很高大，有的还很小，但它们每一棵都有着特殊的力量——每当一个孩子实现一个小目标，他们的目标树就会长出一片新叶子。这些叶子不仅代表着孩子们的成就，还能为他们带来更多的动力，帮助他们实现更多的梦想。

有一天，浩浩走进了这片森林，他被这里的美丽景象迷住了。他看到各种不同的树木，一棵棵树上都长满了绿叶。这时浩浩看到了一位老护林员，他好奇地问道："请问，这些树是怎么长出来的呢？"

老护林员微笑着解释道："小朋友，每棵树都是从一个小目标种子开始的。孩子们每天为他们的梦想努力，每实现一个小目标，就会长出一片新叶子。最终，这些叶子会让他们的目标树变得更加茂盛和有生命力。"

浩浩听了，心里充满了期待："那我也可以种一棵目标树吗？我也想看到自己的目标树长出美丽的叶子。"

老护林员点点头："当然可以！你只需要种下一颗'梦想种子'，然后设定一个个小目标，每当你实现一个目标时，你的目标树就会长出一片新叶子。随着时间的推移，你的树会变得越来越强壮。"

于是，浩浩决定种下自己的目标树，并开始设定一些小目标，让树长出更多的新叶。

如何种植你的目标树

小朋友们，现在轮到你们了！你们也可以种下自己的目标树，开始为梦想努力，并让每一个小目标都变成一片美丽的新叶。让我们一起来看看该如何种植这棵目标树吧！

步骤1：种下梦想种子

首先，你需要种下一颗"梦想种子"。梦想种子就是你的大目标，比如"我想成为一名科学家""我想学会游泳"或者"我想参加一次音乐表演"。这个梦想种子就是你想要实现的梦想，是你的目标树的根基。

浩浩的梦想种子是"我想成为一名出色的钢琴演奏家"。他对音乐充满热爱，希望有一天能站在舞台上，演奏动听的乐曲给大家听。于是，他将这个梦想种子种在了森林里，开始照看它，等待它生根发芽。

小朋友们，你们可以像浩浩一样，种下一颗梦想种子。想一想，你的梦想是什么？它可以是任何让你充满激情的目标，无论大小，只要是你内心真正渴望的，它就是你梦想的种子。

步骤2：设定小目标——每一个小目标就是一片叶子的种子

接下来，你需要为你的目标树设定一系列小目标。每一个小目标就像是树上的一片叶子的种子。每当你实现一个小目标，这片叶子就会长出来，让你的目标树变得更加茂盛。

浩浩把他的梦想"成为钢琴演奏家"拆解成了几个小目标：

（1）学习基本的乐理知识：浩浩先决定学习钢琴演奏的基础知识，比如如何读乐谱、了解音符和节奏。

（2）练习手指的灵活度：浩浩设定了一个小目标，每天花20分钟练习手指的灵活度和音阶，确保他的手指能够在琴键上自如地移动。

（3）学习简单的钢琴曲：在掌握基本技巧后，浩浩设定了另一个小目标，每两周学习一首简单的钢琴曲。

（4）展示进步：浩浩决定每两个月给家人和朋友表演一次，让他们看到自己的进步，这不仅能激励自己，还能得到更多的反馈。

每当浩浩完成一个小目标，他的目标树就会长出一片新的叶子。这些叶子不仅让他体会到成就感，还激励他继续前进，去实现下一个目标。

小朋友们，你们也可以设定一些小目标，把它们当作你目标树上的叶子种子。无论你的梦想是什么，只要你设定了小目标，并且每天努力去实现，你的树就会开始长出新的叶子。

步骤3：为目标树浇水施肥

树木的成长需要阳光、雨水和营养。同样，你的目标树也需要你每天的关心和努力。每一个小目标的实现就像是给你的目标树浇水施肥，它们会帮助你的树不断成长。

浩浩知道，光设定小目标还不够，他还需要每天为这些目标努力。因此，他制订了一个行动计划：

（1）每天练习钢琴：无论多忙，浩浩每天都会抽出至少30分钟的时间练习钢琴。

（2）跟随老师学习：浩浩每周都会上一次钢琴课，向老师请教新的技巧。

（3）寻找灵感：浩浩还会定期听其他音乐家的演奏，学习他们的风格，寻找灵感。

通过这样的努力，浩浩不断为他的目标树浇水施肥，让树长得更加茂盛。每当他看到树上又长出了一片新的叶子，他都会感到无比开心，因为这意味着他离梦想又近了一步。

小朋友们，你们的目标树也需要你们的关爱和努力。每天为自己的小目标付出一点努力，给你的树浇水施肥，它就会不断成长，变得越来越强壮。

步骤4：记录每一个进展

在目标树上，每一片叶子都代表着一个小目标的实现。浩浩决定在一本特别的"目标日记"中记录自己的进展。他会写下每一个目标的完成日期，描述自己完成目标时的感受，并且在日记本里画上一片新叶子，代表着他新的成就。

每当他回头翻看自己的目标日记时，他都会看到那些新叶子，它们像是他努力的见证，让他充满了成就感和动力。

小朋友们，你们也可以开始记录你们的进展。你们可以在日记本里写下每一个小目标，并在每次完成目标时为你的目标树画上一片新叶子。随着时间的推移，你会看到整棵树慢慢变得茂盛起来，而你也会因此感到无比自豪。

目标树的力量：成就感和成长的喜悦

随着浩浩不断实现小目标，他的目标树变得越来越茂盛。树上长满了绿油油的叶子，每一片叶子都代表着他努力的成果和一点一滴的进步。浩浩感到无比的自豪，因为他看到了自己的成长——从最初的一个小小梦想种子，到现在的这棵充满生命力的目标树。

浩浩明白了，目标树的力量不仅仅在于它能展示他的进步，还在于它的不断生长能给他带来持久的动力和成就感。每当他看到自己的目标树长出新的叶子，他就会更加努力去实现更多的目标。

小朋友们，你们的目标树也有同样的力量。只要你们坚持不懈地为自己的梦想努力，每实现一个小目标，你们的目标树就会长出新的叶子。通过这棵树，你们可以清楚地看到自己的进步，并感受到成长的喜悦。

目标树的挑战和成长

有时候，浩浩也会遇到一些挑战。有时他可能觉得某个目标很难实现，或者他会觉得进展太慢了。但浩浩从来没有放弃他的目标树。他明白，树木的成长需要时间，而每一次困难都是让树木根部更加坚固的机会。

老护林员告诉浩浩："每一次挑战都会让你的目标树长得更坚强。不要害怕风雨，因为它们是让树根扎得更深的机会。只要你坚持下去，你的目标树最终会变得更加茂盛。"

小朋友们，你们的目标树在成长的过程中，可能也会遇到一些困难和挑战。这时候，不要害怕，也不要放弃。每一次挑战都是让你们变得更强大的机会。坚持下去，你们的目标树会因此变得更加强壮和充满生命力。

目标树的未来

随着时间的推移，浩浩的目标树变得越来越高大，树上挂满了新叶子。这些叶子不仅代表着他实现的小目标，还见证了他一路上的成长和努力。浩浩知道，只要他继续设定新的小目标并每天为之努力，他的目标树会一直茂盛下去。

小朋友们，你们的目标树也会像浩浩的树一样，随着你们的努力不断成长。每实现一个小目标，你们的树就会长出一片新叶子。这不仅是对你们努力的奖励，也是让你们继续前进的动力。

未来，当你们回头看时，你们会发现这棵目标树上已经挂满了成就的叶子，每一片叶子都代表着你们的成长和坚持。那时候，你们一定会感到无比的自豪和满足。

开始种植你的目标树吧！

小朋友们，现在轮到你们种植自己的目标树啦！记住，每一个小目标都是一片叶子的种子，只要你们每天为它付出努力，你们的目标树就会不断长大，变得更加茂盛。

快去设定你们的梦想种子，种下它，并为它设定小目标，让每一个小目标都变成一片美丽的新叶子。坚持下去，你们一定能看到自己的目标树高高生长，最终成为一棵充满生命力和成就感的大树。

加油吧，小小梦想家们，你们的目标树正等着你们去种植，让梦想在这棵树上开花结果！

目标的游戏化挑战

小朋友们，你们是不是都喜欢玩游戏呢？在游戏里，我们可以有不同的关卡，每通过一个关卡就会得到奖励，并且会觉得自己越来越厉害。今天，我们要把这种游戏的乐趣带到生活中，让设定目标变成一种有趣的"游戏化挑战"。通过完成一个个小任务和关卡，我们不仅能接近梦想，还能在这个过程中享受到挑战带来的成就感和快乐。

梦想冒险的开始

从前，有一个叫"目标岛"的神奇地方，这里充满了各种挑战和冒险。每个来到目标岛的小朋友都会被赋予一个特别的使命，那就是通过一系列的游戏化挑战，完成自己的目标。每当一个小朋友完成一个目标，目标岛的守护者就会给他一个"星星徽章"，这个徽章不仅代表着他通过了关卡，还能为他提供更多的魔法力量，帮助他继续前进。

一天，浩浩收到了目标岛的邀请函。他激动地踏上了这片神奇的岛屿，开始了他的冒险之旅。目标岛的守护者告诉浩浩："在这个岛上，你的每一个目标都将变成一个关卡，每完成一个关卡，你就会得到奖励，并且为你下一个挑战获得更多的能量和信心。"

浩浩想起了自己的梦想——成为一名钢琴演奏家。他决定把这个梦想带到目标岛上，并通过一个个游戏化挑战来实现它。每当他完成一个小目标，他就会获得一个新的"星星徽章"，这些徽章将帮助他继续向前。

什么是目标的游戏化？

游戏化的目标设定是一种非常有趣的方法，它将实现目标的过程变成一个冒险游戏。你可以把你的目标想象成一个个游戏关卡，每当你完成一个关卡，你就可以解锁下一个关卡，并获得奖励。这种方式不仅让目标实现的过程变得更加有趣，还能让你保持动力，享受挑战的乐趣。

在游戏中，我们总是面对不同的任务和挑战，游戏化的目标设定也是如此。每个小目标就是一个小任务，而大目标则是你最终的"BOSS 关卡"。通过设定不同的游戏关卡，你可以一步步接近大目标，就像在游戏中通关一样。

浩浩决定把他的钢琴学习目标转化为游戏化挑战。他设定了几个关卡，每个关卡都有一个特别的挑战任务。例如，他的第一关就是学会一首简单的钢琴曲，第二关是学会新的手指练习曲目，第三关则是为家人表演一首完整的曲子。

小朋友们，你们也可以像浩浩一样，把自己的目标转化为一个个有趣的关卡。每通过一个关卡，你就会获得奖励，并且为下一个挑战做好准备。

如何进行游戏化挑战

现在，我们一起来学习如何把目标变成一个游戏化的挑战。游戏化挑战不仅能让目标设定变得更有趣，还能帮助你保持动力，确保你每天都朝着梦想前进。

步骤1：设定你的"BOSS目标"

在每个游戏中，最终的目标通常是打败"BOSS"或者完成最难的任务。在游戏化挑战中，你的"BOSS目标"就是你的大梦想。这个目标应该是你想要达到的最终成就。

浩浩的"BOSS目标"是成为一名出色的钢琴演奏家，并且在学校的音乐会上表演一首他最喜欢的曲子。这是他一直以来的梦想，也是他游戏化挑战中的最终目标。

小朋友们，你们可以想一想，你们的"BOSS目标"是什么呢？它可以是任何你想实现的梦想，比如学会游泳、通过一次考试或者掌握一项新的技能。

步骤2：设计关卡——将大目标分解成小关卡

接下来，你需要把"BOSS目标"分解成一个个小关卡。每个关卡代表着一个小目标，完成关卡后，你就能解锁下一个关卡，并离最终目标更进一步。

浩浩把他的钢琴学习目标分解成了多个小关卡：

第一关：学习乐理基础

挑战任务：完成五个基础乐理课程。奖励：获得"乐理小达人"徽章。

第二关：学习一首简单的钢琴曲

挑战任务：掌握一首简单的钢琴曲的演奏。奖励：获得"初学者演奏家"徽章。

第三关：提高手指的灵活度

挑战任务：每天练习手指灵活度，达到规定的弹琴速度。奖励：获得"手指魔法师"徽章。

第四关：为家人演奏

挑战任务：为家人演奏一首完整的曲子，接受他们的反馈。奖励：

获得"家庭音乐会演奏家"徽章。

通过设计这些关卡，浩浩的钢琴学习变得像一场冒险游戏，每一个小关卡都有特定的任务和奖励，让他保持了兴趣和动力。

小朋友们，你们也可以像浩浩一样，设计属于你们自己的关卡。把每个关卡想象成一个小目标，当你完成这些小目标时，你会获得奖励，并且解锁新的挑战。

步骤3：设定奖励——用奖励激励自己

游戏化挑战中的一个重要元素就是奖励。在游戏中，每当你通过一个关卡或完成一个任务，你都会获得奖励，比如经验值、金币或新的能力。同样，在实现目标的过程中，设定不同的奖励可以激励你更好地完成任务。

浩浩给自己设定了不同的奖励，比如每通过一个钢琴学习关卡，他就会给自己一张"星星徽章"，这张徽章代表他的进步和努力。除此之外，浩浩还会给自己一些特别的奖励，比如买一本他喜欢的音乐书，或者允许自己玩一会儿游戏。

小朋友们，你们也可以给自己设定奖励。每当你完成一个小关卡时，奖励自己一件让你开心的事情，比如去公园玩、看一集动画片或者吃一顿美味的甜点。这样做不仅会让你对目标更有动力，还会让你享受到实现目标的过程。

步骤4：保持进度——游戏化的日常任务

在游戏中，每天都有不同的任务等待着我们去完成。在游戏化挑战中，你也需要设定一些日常任务帮助你保持进度，并确保你不断向前推进。

浩浩设定了几个日常任务，比如每天至少练习30分钟钢琴，每周学习一个新技巧，定期复习已经学会的曲子。这些任务就像游戏中的日常任务一样，每天坚持完成，它们会帮助浩浩稳步向前，接近他的"BOSS目标"，也就是终极目标。

小朋友们，你们也可以为自己的游戏化挑战设定一些日常任务。这些任务可以是每天的小目标，比如每天练习5分钟游泳动作、每天读一章书，或者每天练习数学题。日常任务看似很小，但它们会让你逐渐积累进步，并最终实现大目标。

步骤5：跟踪进展——记录你的冒险旅程

在游戏中，我们可以看到自己的进展，比如完成了多少任务、达到了什么级别。同样，在目标的游戏化挑战中，你也可以记录自己的进展，看到自己一步步接近目标的过程。

浩浩决定用一个"目标进度表"来跟踪自己的进展。他在纸上画了一个大大的星星图，每完成一个小关卡，他就会在星星图上涂上一颗新的星星。每当他看到星星图上的星星越来越多时，他就感到有无比的成就感，因为他知道自己离梦想又近了一步。

小朋友们，你们也可以使用进度表来记录自己的进展。你可以制作一个图表、绘制一张地图，或者用贴纸和符号来标记你完成的关卡。跟踪进展不仅能让你看到自己的成长，还能激励你继续前进。

游戏化挑战的力量：乐趣和动力的结合

通过把目标设定变成游戏化的挑战，浩浩发现实现梦想的过程不再枯燥，而是充满了乐趣和动力。每一个小关卡都是一个新的冒险，每通过一个关卡，他都感到自己变得更强大，更接近最终的"BOSS目标"。

小朋友们，你们也可以利用游戏化挑战的力量，让目标设定变得更加有趣。游戏化不仅能帮助你保持专注力和动力，还能让你在实现目标的过程中享受到更多的乐趣。

目标游戏化挑战的未来

随着浩浩不断完成关卡，他的游戏化挑战也在不断升级。他决定为自己设定新的、更具挑战性的目标和关卡，比如学习更复杂的钢琴曲、为更多的观众表演。通过这种方式，浩浩的梦想之旅变得越来越精彩。

小朋友们，你们的游戏化挑战也可以不断升级。随着你们的成长，你们可以为自己设定更大更难的目标，让每一个关卡都带来新的挑战和收获。

开始你的目标游戏化挑战吧！

现在轮到你们了，小朋友们！快去设定你们的"BOSS目标"，设计有趣的关卡，并设定奖励。把实现目标的过程变成一个冒险游戏，每一天都充满乐趣和挑战。相信自己，你们一定能够通过每一个关卡，最终实现你们的梦想！

加油，未来的梦想家们，你们的游戏化挑战正在等待着你们去开启，让每一个小目标都变成一场充满乐趣的冒险吧！

第三章

第 2 步
时 间 的 魔 法 地 图

- 设计我的时间地图

- 探索未知的时间领域

- 让每种活动有属于自己的颜色

- 时间旅程中的意外事件

设计我的时间地图

设计我的时间地图

小朋友们，你们有没有玩过寻宝游戏？在寻宝游戏中，我们通常需要一张地图来指引我们找到宝藏。地图会告诉我们该往哪里走，在哪些地方停下来，最终我们就能找到隐藏的宝藏。而在生活中，我们的"宝藏"就是我们的梦想和目标。要找到它们，我们也需要一张时间地图。这张地图会帮助我们合理安排时间，让我们在正确的时间做正确的事情，最终实现梦想。

今天，我们要一起学习如何设计属于我们自己的时间地图，让每一天都充满魔法和惊喜。

时间地图的故事

从前，有一位年轻的探险家名叫莉莉。她总是对世界充满好奇，梦想着去探索世界的每一个角落。一天，她在一座古老的图书馆里，发现了一本神秘的书——《时间的魔法地图》。书中讲述了如何通过设计时间地图来实现梦想和目标。

莉莉非常兴奋，她开始按照书中的指引，制作属于自己的时间地图。她在地图上标记了每一个重要的时间点，比如学习时间、休息时间、锻炼时间等等。每当她按照地图的指示完成任务时，她就能离自己的梦想更进一步。

莉莉发现，有了这张时间地图，她的生活变得有条理，梦想不再遥不可及。她不再为浪费时间而感到烦恼，因为每一天的时间都被她合理地安排在了地图上。最后，莉莉成功完成了她的探险梦想，找到了隐藏的宝藏。

小朋友们，你们也可以像莉莉一样，通过设计自己的时间地图来规划每一天的生活。只要有了这张地图，你们就能更好地掌握时间，让梦想离你们更近。

什么是时间地图？

时间地图是一张帮助我们规划和安排时间的"地图"。它让我们清楚地知道一天中该做什么、什么时候做，让我们不会迷失在琐碎的事情中，也不会浪费时间。

时间地图不仅仅是一张纸上的日程表，它是你对自己时间的掌控工具。通过时间地图，你可以把一天的时间划分成不同的"区域"，比如学习区、玩耍区、休息区等。每一个区域都代表你需要完成的一项任务或活动。这种规划方式不仅让你的时间更有条理，还能帮助你在每个时间段内集中精力完成任务。

设计时间地图的过程也很有趣，你可以把它当作一场"时间探险"，通过合理规划，找到通往梦想的路线。

如何设计我的时间地图

让我们一起来学习如何设计属于自己的时间地图。这个过程非常简单，就像在玩一个有趣的拼图游戏。我们会把一天的时间分成不同的"时间块"，每一块代表不同的任务或活动，最终组成一张完整的时间地图。

步骤1：列出你的一天

首先，你需要列出一天中你要做的所有事情。这些事情可以包括学习、做作业、吃饭、玩耍、运动、休息等。你可以按照早晨、中午和晚上的顺序来列出这些活动。

浩浩决定列出他一天中的主要活动：

7：00 起床

8：00 上学

12：00 吃午饭

13：00 上课

16：00 放学和运动

17：00 回家做作业

19：00 吃晚饭

20：00 自由活动和玩耍

21：00 睡觉

列出一天中的活动是设计时间地图的第一步。你可以根据自己的情况来列出一天中的任务和活动，确保每一个重要的时间点都被安排到位。

步骤2：划分时间块

接下来，你需要把一天中的时间划分成不同的时间块。每一个时间块都代表你要完成的一项任务或活动。你可以用不同的颜色或图标来标记这些时间块，让它们在地图上看起来更加直观。

浩浩把他的一天划分成了几个主要的时间块：

早晨时间块（7：00~8：00）：起床、洗漱、吃早餐。

学校时间块（8：00~16：00）：上学和上课时间。

放学时间块（16：00~17：00）：放学后的运动或课外活动。

家庭作业时间块（17：00～19：00）：回家后做作业的时间。

晚饭时间块（19：00～20：00）：吃晚饭和与家人一起度过的时间。

自由活动时间块（20：00～21：00）：玩耍、看书或放松的时间。

睡觉时间块（21：00以后）：休息和睡觉时间。

通过划分时间块，浩浩清楚地知道自己每天的时间应该如何安排，并确保每一块时间都有明确的任务或活动。

小朋友们，你们也可以根据自己的日常安排，把一天划分成不同的时间块。你可以用不同的颜色来标记这些时间块，比如用蓝色代表学习时间，绿色代表玩耍时间，红色代表吃饭时间，黄色代表休息时间。

步骤3：绘制时间地图

现在，我们要把这些时间块"拼"到一起，绘制一张完整的时间地图。这张地图就像是我们一天的"时间路线图"，它会告诉我们每个时间段该做什么。

浩浩在纸上画了一张时间地图，他用不同的颜色和图标标记了每个时间块。早晨的时间块画成了太阳，学校时间块画成了书本，放学时间块画成了足球，自由活动时间块画成了一个笑脸，睡觉时间块画成了一轮月亮。

通过这张时间地图，浩浩一目了然地看到了他一天的安排。他不再感到迷茫，因为每个时间段都有明确的任务和活动。

小朋友们，你们可以像浩浩一样，绘制属于你们的时间地图。你们可以用画笔、彩色纸、贴纸等工具，让地图变得有趣和生动。绘制时间地图不仅能帮助你们更好地管理时间，还能让你们在制作过程中享受到自由创作的乐趣。

步骤4：每天检查和调整时间地图

时间地图并不是固定不变的，有时候我们可能会遇到一些意外情况，比如某项任务花了比预期更长的时间，或者临时有新的活动。这时候，我们可以对时间地图进行调整。

浩浩发现，有时候他做作业需要更多的时间，这样会减少他玩耍的时间。于是，他灵活调整了时间地图，在某些时候增加学习的时间，同时确保自己仍有足够的放松和玩耍时间。

小朋友们，你们也可以根据每天的实际情况，灵活调整自己的时间地图。如果某项任务花费的时间超出了预期，不要担心，调整时间块的顺序或时长，确保你们的时间地图能帮助你们高效完成任务。

时间地图的力量：让每一天都充实有序

通过绘制时间地图，浩浩发现他的生活变得更加有条理。他不再因为不知道该做什么而浪费时间，每个时间段都有明确的任务和活动。同时，时间地图还帮助他保持了学习和玩耍之间的平衡，让他每天都过得充实而快乐。

小朋友们，时间地图的力量就在于它能帮助你们把每天的时间安排得井然有序。通过合理规划，你们不仅能高效完成任务，还能确保有足够的时间去玩耍、休息和享受生活。

时间地图的未来

随着浩浩的成长，他的时间地图也在不断进化。浩浩开始学会根据自己的兴趣和目标，调整时间地图上的时间块，确保他能更好地管理时间，并为未来的挑战做好准备。

小朋友们，你们的时间地图也可以随着你们的成长不断更新和调整。你们可以根据新的兴趣和目标来重新规划时间块，确保每一天都能按照计划顺利进行。

开始设计你的时间地图吧!

现在轮到你们了,小朋友们!快去设计你们自己的时间地图,把一天的时间划分成不同的时间块,让每个时间段都充满魔法和惊喜。记住,时间地图不仅仅是一张日程表,它是你们通往梦想的路线图。通过这张地图,你们可以更好地掌控时间,让梦想一步步成为现实。

加油吧,时间的小探险家们,你们的时间地图正在等待你们去设计,让每一天都充满魔法和冒险吧!

探索未知的时间领域

小朋友们，你们有没有想过，时间不仅仅是钟表上的滴答声，它其实是一个神秘而广阔的领域，就像一个未知的世界，等着我们去探索和发现？今天，我们要带着我们的时间地图，开启一场"时间小冒险"，去探索那些我们平时没有注意到的"时间领域"，看看它们藏着哪些秘密，又有哪些宝藏等着我们去发现。

时间冒险的开始

从前，有一个叫做"时间国度"的地方，这里的一切都围绕着时间运转。时间国度中，有白天的"阳光森林"，这里的时间充满了活力与忙碌；还有夜晚的"星空城堡"，那里一片宁静，时间仿佛在慢慢流淌。而在时间国度的边缘，还隐藏着许多未知的时间领域，等待着勇敢的冒险者前去探索。

有一天，浩浩收到了时间国度国王的邀请。他被赋予了一项特别的任务——探索未知的时间领域，找到那些平时没有被充分利用的时间宝藏。时间国度的国王告诉浩浩："在这些未知的时间领域里，隐藏着许多你可以用来学习、玩耍、创作的时间宝石。找到这些宝石，你的时间将变得更加充实和有趣。"

浩浩充满了好奇和期待，他拿起了自己的时间地图，开始了这场神秘的时间冒险。

什么是未知的时间领域？

你可能会问："什么是未知的时间领域呢？"它们其实就是我们平时没有注意到的时间碎片。你有没有觉得有时候自己好像有很多时间，却不知道该怎么利用？又或者，你会发现自己每天似乎都有一些"空闲时间"，但这些时间没有被有效利用？

这些"未知的时间领域"就像是我们每天时间中的小缝隙，它们可能是你等待放学的几分钟，也可能是你吃完午饭后到上课前的时间，或者是你晚上准备睡觉前的几分钟。这些时间往往很短，但如果我们能够发现并合理利用它们，就像发现了时间的宝藏一样，可以用它们来做一些有趣又有意义的事情。

如何发现未知的时间领域

发现未知的时间领域需要我们有一双"时间探险家的眼睛"。这些时间领域虽然看起来很小，但它们无处不在，只要我们仔细观察，就能找到。

步骤1：观察你的时间碎片

首先，你需要像一个探险家一样，仔细观察自己的一天，看看有哪些时间碎片可以被利用。浩浩决定记录下自己一天中的所有空闲时间，并在这些时间段里找出那些未被充分利用的时间。

例如：

早晨起床后到出门上学的时间：浩浩发现，他每天早晨总是有10分钟的时间可以自由支配，他一般都会在这个时间段里发呆或者看手机。

中午吃完饭后的空闲时间：浩浩注意到，午饭后他还有大约15分钟的空闲时间，这段时间他通常不知道该做什么。

放学后的休息时间：放学后，浩浩发现他有20分钟的时间可以休息或者放松，但有时候他会浪费这些时间在无聊的事情上。

睡觉前的10分钟：睡觉前，浩浩经常会花10分钟时间玩游戏或者聊天，但他觉得可以更好地利用这段时间。

小朋友们，你们也可以像浩浩一样，记录下自己每天的时间碎片。观察哪些时间段是未被利用的，或者只是被浪费在没有意义的事情上。这个过程就像是在地图上发现隐藏的宝藏一样，找到这些时间碎片是冒险的第一步。

步骤2：给时间碎片赋予意义

接下来，你需要为这些时间碎片找到有意义的用途。虽然这些时间段很短，但它们可以用来完成一些小任务、学习新技能，甚至只是让自己放松一下。关键是要给这些时间赋予意义，不让它们白白流失。

浩浩决定为他的时间碎片设定一些有趣的小任务：

• 早晨的10分钟：浩浩决定利用这段时间读一小段书或者背几个单词，让早晨的时间更加充实。

• 中午的15分钟：午饭后，浩浩计划用这段时间做几道简单的数学题，巩固上午学到的知识。

• 放学后的20分钟：这段时间他决定用来练习钢琴，这样他可以每天都有进步，而不是把时间浪费在无聊的事情上。

• 睡觉前的10分钟：睡觉前，浩浩打算用这段时间做一些轻松的事情，比如听音乐或者写日记，让自己放松下来，准备好迎接新的一天。

通过这样的小调整，浩浩发现，他的时间利用效率提高了很多，原本那些没有用的时间现在变得充实和有意义。

　　小朋友们，你们也可以为自己的时间碎片设定一些有趣的任务。这些任务不需要很大，可以是学习一点点新知识、做一些小练习，甚至是做一些轻松的活动，比如冥想或者绘画。关键是要让这些时间为你所用，而不是让它们白白溜走。

　　步骤3：每天追踪和调整时间领域

　　在时间小冒险的过程中，我们不仅要发现和利用这些未知的时间领域，还需要每天追踪自己的进展，看看哪些时间利用得很好，哪些时间还可以进行调整。

　　浩浩每天晚上会花几分钟时间回顾自己一天的时间利用情况。他会问自己几个问题：

　　今天我发现了哪些新的时间碎片？

　　我是否很好地利用了这些时间？

　　哪些时间段我觉得还可以做得更好？

　　通过这种方式，浩浩不断调整自己的时间安排，确保每一个时间领域都能被充分利用。

　　小朋友们，你们也可以每天回顾自己的时间利用情况。通过这样的反思，你们会发现，随着时间的推移，你们的时间管理能力会越来越强，能够更加高效地完成任务，享受生活中的每一个时刻。

时间小冒险的力量：让每一天都充满发现和成长

　　通过时间小冒险，浩浩学会了如何充分利用每一天中的时间碎片。他不再觉得自己没有时间做有意义的事情，而是发现了许多原本被忽略的时间领域。通过探索和利用这些时间领域，浩浩的学习、生活和娱乐都变得更加有条理，也让他每天都能感受到成长和进步。

　　小朋友们，时间小冒险的力量就在于它能帮助你们发现那些看似不起眼但非常宝贵的时间领域。通过合理利用这些时间，你们会发现自己有更多的时间去学习、创造和玩耍，而不是让时间无声无息地溜走。

未来的时间探索

浩浩不断地进行着时间小冒险，他的时间管理能力越来越强。他不仅学会了如何利用那些被忽略的时间领域，还开始主动规划自己的时间，让每一天都充实而有意义。

小朋友们，你们也可以像浩浩一样，通过时间小冒险来提升自己的时间管理能力。每一天都是一次新的探索，每一个时间领域都是一个新的宝藏，等待着你们去发现和利用。

开始你的时间小冒险吧！

现在轮到你们了，小朋友们！快去开启你们的时间小冒险，探索那些未知的时间领域，找到时间的宝藏，并把它们变成有意义的活动。记住，时间并不像我们想象得那样少，只要你们认真去发现和利用，它就会变得充实而有趣。

加油吧，时间的小探险家们，你们的时间冒险之旅正在等待着你们去开启，让每一个时间领域都为你们的梦想和目标服务！

让每种活动有属于自己的颜色

小朋友们，你们喜欢彩虹吗？彩虹是大自然送给我们的一份美丽礼物，红、橙、黄、绿、蓝、靛、紫，每一种颜色都代表着不同的美丽和能量。而今天，我们要学习如何通过"时间的彩虹"来管理我们的时间。我们可以给每一种活动赋予属于它自己的颜色，让我们的时间像彩虹一样五彩斑斓、充满活力。

彩虹的时间魔法

从前，有一个神奇的小镇叫做"彩虹镇"，这里的每一个居民都非常喜欢颜色。他们相信，颜色不仅能让生活变得更加美好，还能帮助他们更好地管理时间。于是，彩虹镇的居民们为每一种活动都分配了一种颜色，并用这些颜色来规划他们的时间表。这些五颜六色的时间表让他们的生活变得更加有趣和有条理。

一天，浩浩来到了彩虹镇，发现这里的每个人都拥有一个独特的"彩虹时间表"。这个时间表用不同的颜色来代表不同的活动，比如学习时间是蓝色，玩耍时间是绿色，休息时间是黄色等等。每当他们完成一个任务时，就会在时间表上看到这段时间属于什么颜色。

彩虹镇的居民告诉浩浩："我们相信，每种活动都有属于它自己的颜色。通过这种方式，我们可以更好地安排时间，让每一天都像彩虹一样充满活力和趣味。"

浩浩听了，非常感兴趣。他决定也为自己的时间设计一条属于他的"时间彩虹"，让他的每一天都充满色彩和魔法。

什么是时间彩虹？

时间彩虹是一种非常有趣的时间管理方式，它帮助我们通过不同的颜色来区分一天中的各种活动。你可以把每个活动想象成一条彩虹的颜色，比如学习可以是蓝色，运动可以是绿色，玩耍可以是红色，休息可以是黄色。通过给每个活动赋予不同的颜色，我们可以更直观地看到自己一天的时间安排，确保时间被合理利用。

时间彩虹不仅能让我们的时间管理变得更加有条理，还能让我们在完成任务时感受到更多的乐趣。每当你完成一项活动时，你就能看到一抹颜色填满了你的时间表，这种视觉上的成就感会让你觉得时间更加有趣和充实。

如何为活动赋予颜色

现在，让我们一起来学习如何为每种活动赋予属于它自己的颜色，并通过这些颜色来规划我们的时间。这个过程就像是在绘制一幅美丽的彩虹画作，每一种颜色都代表着不同的活动，而这些活动组合在一起，构成了我们五彩缤纷的一天。

步骤1：为每种活动选择颜色

首先，你需要列出你一天中所有的主要活动，比如学习、玩耍、休息、吃饭、锻炼等等。然后，为每种活动选择一种颜色，让它们在你的时间表上拥有自己的"身份"。

浩浩决定为他的活动选择以下颜色：

学习时间：蓝色

蓝色代表冷静和专注，浩浩觉得这个颜色非常适合用来代表学习时间。每当他看到蓝色时，他就知道这是他该集中精力的时间。

运动时间：绿色

绿色象征着活力和健康，浩浩认为绿色是运动时间的完美颜色。每当他看到绿色时，他就知道是时候去活动身体，保持健康了。

玩耍时间：红色

红色是充满活力和欢乐的颜色，它能带来热情和动力。浩浩为玩耍时间选择了红色，每当看到红色时，他就会感到开心和充满活力。

休息时间：黄色

黄色给人一种温暖和放松的感觉，它能让人感到愉快和舒适。浩浩选择用黄色来代表他的休息时间，每当他看到黄色时，他就知道是时候放松和恢复能量、为自己"充电"了。

家庭时间：橙色

橙色是热情和温暖的颜色，它代表着家人之间的爱和支持。浩浩决定用橙色来代表和家人在一起的时间。

小朋友们，你们也可以像浩浩一样，为你们的活动选择不同的颜色。

步骤2：绘制彩虹时间表

接下来，我们要把这些颜色整合到一张时间表中，绘制出属于我们自己的"彩虹时间表"。你可以在一张纸上或者电脑里制作这张时间表，并用不同的颜色填充每一个时间段，让你的时间表看起来像一条彩虹一样丰富多彩。

浩浩在纸上画了一张时间表，他把一天中的时间划分成不同的时间段，并用蓝色、绿色、红色、黄色和橙色填充每一个时间块。例如，早晨

7点到8点是学习时间，浩浩用蓝色标记这个时间段；下午4点到5点是运动时间，他用绿色标记这个时间段；晚上8点到9点是休息时间，他用黄色标记这个时间段。

通过这种方式，浩浩的时间表变得像彩虹一样美丽和充满活力，每一种颜色都代表着他一天中的不同活动。

步骤3：用彩虹时间表管理时间

有了彩虹时间表之后，你可以通过颜色来管理你的时间。每天早上，你可以看一下时间表，看看今天需要完成哪些任务，每个任务属于什么颜色。这样，你就能清楚地知道该做什么、什么时候做，确保你的时间被合理安排。

浩浩每天早晨都会看一眼他的彩虹时间表，确认自己一天的安排。他看到早晨的蓝色时间段时，知道这是学习的时间；看到下午的绿色时间段时，知道这是运动的时间；看到晚上的黄色时间段时，知道是休息和放松的时间。

通过这种方式，浩浩不仅能更好地安排时间，还能确保每一个时间段都被充分利用。彩虹时间表帮助他保持了生活的平衡，让他在学习、玩耍和休息之间找到了一种和谐。

小朋友们，你们也可以通过彩虹时间表来管理你们的时间。

时间彩虹的力量：让时间管理充满乐趣和成就感

通过时间彩虹，浩浩发现，时间管理变得更加有趣和充满成就感。每当他完成一个任务时，他就能看到时间表上出现一抹新的颜色。这种视觉上的成就感让他觉得自己在不断进步，而不同的颜色也让他的每一天都充满了活力。

时间彩虹的力量就在于它能让时间管理变得更加有趣和生动。通过为每个活动赋予颜色，你们可以更直观地看到自己一天的安排，并在完成任务时感受到成就感。这种方式不仅让时间表看起来更加漂亮，还能激励你们更好地管理时间。

时间彩虹的未来

随着浩浩对时间管理的掌握，他的时间彩虹也在不断进化。他开始根据自己的兴趣和目标，为时间表增加新的颜色和活动。例如，他为自己的创作时间选择了紫色，为与朋友相处的时间选择了靛蓝色。通过这种方式，浩浩的时间表变得更加多彩和个性化。

小朋友们，你们的时间彩虹也可以随着你们的成长不断变化和发展。你们可以为新的活动和目标选择新的颜色，让每一天都像彩虹一样充满能量和希望。

开始绘制你的时间彩虹吧！

现在轮到你们了，小朋友们！快去为你们的活动选择颜色，绘制属于你们的彩虹时间表。让每一天都充满色彩和魔法，每一个时间段都充满意义和乐趣。记住，时间彩虹不仅能帮助你们更好地管理时间，还能让你们在实现目标的过程中感受到成就和快乐。

加油吧，未来的时间管理大师们，你们的时间彩虹正在等待你们去绘制，让每一天都像彩虹一样美丽和充实！

时间旅程中的意外事件

小朋友们，你们有没有遇到过这样的情况：你们明明已经安排好了一天的时间，计划也制订得很好，但突然间发生了一些意外事件，打乱了所有的安排？这就像是我们在冒险旅途中突然遇到了暴风雨、不小心掉进了小泥坑里，或者遇到了意想不到的障碍。今天，我们要一起学习如何应对时间旅程中的意外事件，保证自己能够在意外发生时，依然保持冷静并调整计划，继续前进。

意外事件的故事

从前，有一位年轻的时间探险家叫小艾，她一直在时间王国中进行着她的冒险。小艾每一天都会仔细规划自己的时间，制订详细的探险路线，确保她能在一天内完成所有的任务和目标。

然而，时间王国是一个充满未知的地方。有一天，小艾的探险计划中突然发生了意外——她在森林中迷路了，这让她错过了午饭时间；后来她还遇到了一场突如其来的大雨，导致她无法按时到达她原本计划的地方。所有的事情都变得混乱，她的时间计划看起来完全被打乱了。

小艾一开始非常沮丧，但她的时间导师告诉她："每次意外发生时，都是一次学习和成长的机会。时间旅程中的意外事件就像是一道难题，需要我们通过冷静的思考和灵活的调整来解决。"

　　听了导师的话，小艾开始重新规划她的时间旅程。她学会了如何调整计划，面对突如其来的意外。最终，她成功完成了探险任务，虽然中途有许多不在计划中的事情发生，但这些意外不仅没有阻止她的进步，反而让她变得更加坚强和聪明。

时间旅程中的意外事件是什么？

　　意外事件是指那些在我们没有预料到的情况下突然发生的事情，它们可能打乱我们原本的计划，甚至让我们感到慌乱。意外事件有时候是不可避免的，比如突如其来的任务、临时的家庭活动、突发的身体不适，或者天气等外部因素。

　　尽管我们无法完全预防这些意外事件，但我们可以学会如何应对它们。当意外发生时，保持冷静、灵活应对、调整计划，都是我们能够继续前进的关键。

如何应对时间旅程中的意外事件

　　虽然意外事件可能会打乱我们原本的计划，但它们并不一定是坏事。通过正确的应对方式，我们不仅能够克服这些意外，还能从中学会新的技能，并在未来更好地管理时间。让我们一起来看看如何应对这些意外事件吧！

步骤1：保持冷静，不要慌张

　　第一步也是最重要的一步，就是保持冷静。当意外事件发生时，很多人都会感到焦虑和沮丧，觉得自己原本计划的一切都被打乱了。但事实上，慌乱只会让情况变得更糟。相反，我们需要冷静下来，接受意外已经发生的事实。

浩浩有一次在放学后遇到了意外。他原本计划好放学后要回家练习钢琴，但突然被通知学校要进行一场紧急的家长会，需要他和爸爸妈妈一起参加，这让他感到很烦躁，因为他知道家长会必定会占用他的练习时间。

但浩浩很快冷静了下来，他对自己说："家长会是一个意外事件，我无法控制它发生，但我可以调整我的计划，确保我还是能够完成练习任务。"

小朋友们，当意外事件发生时，不要慌张。保持冷静，告诉自己这是时间旅程中的一个小挑战，你们完全可以通过调整计划来克服它。

步骤2：评估意外事件的影响

接下来，你需要评估意外事件对你时间安排的影响。问问自己，这个意外事件会持续多长时间？它会影响我今天的哪些任务？我还能完成哪些任务？哪些任务可能需要延期？

浩浩仔细地思考了家长会的影响，发现它大约会占用一个小时的时间，这意味着他可能无法按计划练习钢琴了。他决定在家长会结束后，减少自己的自由活动时间，补上原本的练习时间。

通过评估意外事件的影响，你们可以更清楚地知道哪些任务需要调整，哪些任务仍然可以完成。这一步能够帮助你们迅速做出合理的决定。

步骤3：调整计划，灵活应对

思考完影响后，接下来就是调整计划的时刻了。意外事件打乱了原本的安排，但这并不意味着我们无法继续完成任务。你们可以通过调整时间表，重新分配时间，找到完成任务的新的方式。

浩浩决定调整他的时间表。虽然家长会占用了一个小时，但他通过减少半小时玩耍的时间，仍然找到了时间来完成钢琴练习。同时，他还决定第二天早晨早点起床，利用早上的时间再抽出半小时弥补剩下的练习时间。

小朋友们，意外事件是时间旅程中的一部分，但它们不应该阻止你们完成任务。通过灵活调整计划，你们可以找到新的时间和方式，继续前进。

步骤4：学会优先排序

有时候，意外事件可能会占用大量的时间，这时候你们需要学会优先排序。问问自己：哪些任务是今天必须完成的？哪些任务可以推迟到明天或者其他时间完成？通过优先排序，你们可以确保最重要的任务不会被耽搁。

浩浩发现，虽然家长会占用了他的练习时间，但他还是有一些重要的家庭作业需要完成。因此，他决定先完成作业再进行钢琴练习，而那些可以推迟的任务则留到第二天再做。

通过优先排序，浩浩不仅保证了重要任务的完成，还学会了如何更加合理地管理时间。

步骤5：接受不完美，给自己一些空间

尽管我们可以尽力调整计划，但有时候我们可能还是无法完成所有的任务。这时候，我们需要学会接受不完美。意外事件有时候是不可控制的，而我们需要给自己一些空间，允许自己偶尔有未完成的任务。

浩浩虽然调整了时间表，但最终他还是没有按照先前的计划完全完成钢琴练习。他感到有些失望，但他告诉自己："这次意外是不可避免的，我已经尽力调整了计划，下次我可以继续努力达到目标。"

小朋友们，时间旅程中难免会有意外发生，不要因为一两次的失误而沮丧。接受不完美，并在未来继续努力，才是最重要的。

时间旅程中的意外事件：让我们变得更加坚强和聪明

通过应对时间旅程中的意外事件，浩浩发现自己变得更加灵活和坚强。虽然计划被打乱了，但他学会了如何调整时间表，重新安排任务，并保持冷静。这些意外不仅没有阻碍他的进步，反而帮助他提高了时间管理的技能。

小朋友们，时间旅程中的意外事件并不可怕，它们是我们学习和成长的一部分。通过正确的应对方式，你们可以从中学会灵活应对挑战，找到解决问题的新方法，并在未来更加有效地管理时间。

未来的时间冒险：迎接更多的挑战

随着浩浩在时间管理上的成长，他知道未来的时间旅程中还会有更多的意外事件发生。但他不再害怕这些意外，因为他已经学会了如何应对它们。浩浩相信，只要他保持冷静，灵活应对，任何意外事件都无法阻止他前进的脚步。

小朋友们，你们也可以像浩浩一样，在时间旅程中遇到意外事件时保持冷静，调整计划，继续前进。每一次意外都是你们变得更加坚强和聪明的机会。

开始勇敢面对你们的时间旅程中的意外事件吧！

现在轮到你们了，小朋友们！当时间旅程中的意外事件发生时，不要慌张，保持冷静，灵活应对。记住，每一次意外都是一个让你们学习和成长的机会。只要你们愿意调整计划，并继续前进，任何意外事件都无法阻止你们实现梦想。

加油吧，未来的时间探险家们，你们的时间旅程虽然充满了未知的风险，但每一个意外都是让你们变得更加坚强和聪明的宝贵机会！

第四章

第 3 步
时 间 的 宝 藏

- 时间的四大宝藏

- 打败"怪兽"拖延怪

- 时间的优先级游戏

- 让学习与玩耍共舞

时间的四大宝藏

小朋友们，你们知道吗？在时间的世界里，藏着4个非常珍贵的"时间宝藏"。这些宝藏代表着我们每天面临的不同任务，有些是非常重要的，有些是非常紧急的，而有些看起来并不重要也不紧急。今天，我们要学习如何找到这些时间宝藏，并学会分清哪些事情最需要我们优先完成，哪些可以稍后再做。这就是"时间的四大宝藏"——学会区分重要和紧急的任务。

时间宝藏的故事

从前，有一个叫做"时间秘境"的地方，这里藏着四个神秘的时间宝藏。每个宝藏都代表着一种不同的任务类型。要找到这些宝藏并利用它们，探险家们必须学会区分哪些任务是重要的，哪些任务是紧急的，哪些任务是既重要又紧急，哪些任务则既不重要也不紧急。

有一天，浩浩决定前往时间秘境，寻找这些时间宝藏。他遇到了时间秘境的守护者，守护者对浩浩说："在你寻找这些宝藏之前，你必须学会如何分辨重要和紧急的事情。只有这样，你才能合理安排时间，不让那些不重要的任务占用你宝贵的时间。"

守护者告诉浩浩："时间宝藏有4种，你需要知道它们的特点，并找到应对的方法。"

- 重要且紧急的宝藏
- 重要但不紧急的宝藏
- 紧急但不重要的宝藏
- 不紧急且不重要的宝藏

浩浩感到非常好奇，他决定去解开这些时间宝藏的秘密，学习如何分辨和管理自己的时间。

时间的四大宝藏是什么？

时间宝藏其实就是我们日常生活中的各种任务，它们可以分为四大类，每一类任务都有自己的特点和优先级。学会区分这些任务，将帮助我们更好地安排时间，并确保我们把精力放在最重要的事情上。

1. 重要且紧急的宝藏

第一个宝藏是重要且紧急的任务。这些任务通常是我们必须马上去完成的，因为它们既对我们很重要又需要立即处理。如果不及时完成，可能会产生严重的后果。

浩浩发现，这些任务通常包括：

- 即将到期的作业或考试：比如今天晚上就要交的作业，明天早上的考试。
- 突发的家庭紧急事件：比如家人生病需要立即帮助。
- 学校或兴趣班的紧急通知：比如临时的演出安排或比赛。

守护者告诉浩浩："当你遇到重要且紧急的任务时，你需要立即集中精力去完成它们。这类任务不容拖延，因为它们影响着你的学习、生活甚至家人的安全。"

应对策略：当我们遇到重要且紧急的任务时，我们应该优先处理，放下其他次要的事情，集中精力完成这些任务。把这些任务想象成你探险旅

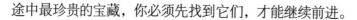

途中最珍贵的宝藏，你必须先找到它们，才能继续前进。

2. 重要但不紧急的宝藏

第二个宝藏是重要但不紧急的任务。这些任务对我们的未来非常重要，但它们并不需要立即完成，因此往往容易被我们忽略或拖延。这类任务是我们应该优先安排时间去做的，因为它们帮助我们实现长期目标和梦想。

浩浩发现，这些任务通常包括：

• 学习新技能或知识：比如练习钢琴、学习编程、阅读有用的书籍。

• 锻炼身体：比如每天的运动、跑步或者做一些锻炼身体的活动。

• 制订长期计划：比如规划自己未来的目标、为某个大型项目制订计划。

守护者提醒浩浩："重要但不紧急的任务是你未来成长的关键。如果你只忙于处理紧急的事情，而忽视了这些重要的任务，你可能会错失未来的宝藏。"

应对策略：我们应该在每天的时间表中为这些任务留出固定的时间，确保它们不会被忽略。把它们当作你未来的宝藏，虽然暂时不需要立即发现，但如果不认真对待，你将失去重要的成长机会。

3. 紧急但不重要的宝藏

第三个宝藏是紧急但不重要的任务。这些任务看起来非常紧急，好像需要我们立刻去处理，但其实它们并不重要，可能会浪费我们的时间。

浩浩发现，这些任务通常包括：

• 电话或社交媒体的打扰：比如朋友突然发来的信息或无关紧要的电话。

• 临时的琐事：比如朋友的非紧急请求、需要立刻回复但不影响你学习和生活的小事。

守护者告诉浩浩："虽然这些任务看起来非常紧急，但它们往往并不重要。如果你总是被这些任务打扰，你的时间宝藏可能会被浪费在无关紧要的事情上。"

应对策略：我们需要学会区分这些任务的真正价值。如果任务紧急但不重要，我们可以推迟处理，或者在有空时再去处理，而不让它们打乱我们重要的计划。记住，不要因为一时的紧急而浪费宝贵的时间。

4. 不紧急且不重要的宝藏

最后一个宝藏是不紧急且不重要的任务。这些任务既不紧急也不重要，它们通常是一些可以完全忽略或减少的事情。它们往往会消耗我们的时间，但对我们的目标没有任何帮助。

浩浩发现，这些任务通常包括：

• 过度娱乐：比如玩游戏、看电视等过度的娱乐活动。

• 无意义的消遣：比如长时间发呆、无所事事、闲聊等。

守护者提醒浩浩："虽然娱乐和放松是很重要的，但如果这些事情占据了你大部分的时间，你将失去那些真正重要的时间宝藏。"

应对策略：我们应该减少或避免这些任务对我们时间的侵占，确保它们不会影响到重要和紧急的任务。虽然适度地休息和娱乐对我们来说是必要的，但我们需要保持平衡，不让这些事情占据太多时间。

如何找到你的时间宝藏

小朋友们，现在我们已经了解了时间的四大宝藏，接下来我们要学习如何在我们的日常生活中找到这些宝藏，并合理分配我们的时间。

步骤1：识别任务类型

首先，你需要学会识别你每天的任务，判断它们是属于哪一种宝藏。是重要且紧急的？还是重要但不紧急的？是紧急但不重要的？还是不紧急且不重要的?

浩浩每天都会花几分钟时间思考他即将要做的事情,问自己:"这个任务是重要的吗? 它紧急吗? 我应该先完成它吗?"通过这样的方法,他学会了分辨不同类型的任务。

小朋友们,你们也可以像浩浩一样,每天在处理任务前,先问问自己这个任务属于哪一种宝藏。通过这种方式,你们可以更好地安排时间,确保每个任务都得到合理处理。

步骤2: 优先处理重要的任务

接下来,你需要根据任务的类型,优先处理最重要的事情。重要且紧急的任务应该立即处理,重要但不紧急的任务也应该每天安排时间去完成。而紧急但不重要和不紧急且不重要的任务可以推迟或减少。

浩浩每天都会把最重要的任务放在他的时间表的前面,确保他能优先完成这些任务。这样,他不仅避免了时间的浪费,还能够更加高效地实现目标。

小朋友们,你们也可以每天优先处理重要的任务,把它们当作你们时间旅程中的宝藏,用心去发现和管理。

时间的四大宝藏的力量: 让我们更加高效和有条理

通过学习时间的四大宝藏,浩浩发现他的时间管理能力得到了极大的提升。他不再被琐碎的任务打扰,而是能够更加专注于那些真正重要的事情。他的学习、生活和娱乐也变得更加有条理,时间宝藏帮助他更好地利用每一天的时间。

小朋友们,时间的四大宝藏的力量在于它能够帮助你们区分主次,确保你们把精力放在最重要的事情上。通过合理分配时间,你们可以更高效地完成任务,享受生活中的每一个时刻。

打败"怪兽"拖延怪

小朋友们，你们有没有遇到过这样的情况：明明知道自己有很多任务要完成，但总是忍不住想推迟去做，结果时间悄悄流走了，最后不得不匆匆忙忙地赶任务？

今天，我们要面对一个时间世界中最可怕的"怪兽"——拖延怪。它总是悄悄地潜伏在我们身边，一不留神，它就会偷走我们的时间，让我们无法完成任务。

不过不用担心！今天，我们要学习如何识别和打败拖延怪，成为时间管理的真正的勇士。只要掌握了正确的技巧，拖延怪就再也无法干扰我们了。

拖延怪的故事

在时间王国的某个角落里，住着一个叫做"拖延怪"的神秘怪物。拖延怪非常狡猾，它喜欢在孩子们开始做任务时悄悄出现，耳边低语："不要急着做，等会儿再开始吧！先玩一会儿游戏，或者再看一集动画片，你还有时间！"不知不觉间，时间就被拖延怪偷走了。

一天，浩浩在准备做作业时，拖延怪悄悄出现了。它告诉浩浩："你今天已经很累了，先休息一会儿，玩一会儿游戏，等再晚一点再开始做作业也不迟。"浩浩被拖延怪的低语迷惑了，结果不知不觉中，时间一小时又一小时地过去了，他的作业还没开始。等到他终于意识到时间不够时，他只好匆匆忙忙地赶完作业，感觉非常疲惫。

后来，浩浩遇到了时间王国的智者。智者告诉浩浩："拖延怪是时间旅程中的最大敌人，但你可以学会如何打败它。只要你掌握了应对拖延怪的技巧，它就再也无法偷走你的时间。"

于是，浩浩决定向智者学习，掌握打败拖延怪的秘密，让拖延怪不再影响他的时间管理。

拖延怪的危害

拖延怪最大的特点就是它让我们不自觉地推迟任务。拖延怪常常会给我们许多借口，比如"我现在累了，晚一点再做吧"或者"还有很多时间，先放松一下吧"。这些借口看似合理，但实际上，它们会偷走我们宝贵的时间，导致我们最后不得不赶任务，甚至无法完成任务。

拖延怪的危害真的是太多了：

• 浪费时间：拖延怪会让我们浪费大量的时间在不必要的事情上，比如过度娱乐、无所事事，最终导致重要的任务被推迟。

• 增加压力：当我们不断推迟任务时，最后往往会陷入时间不够用的困境，导致压力倍增，不得不匆忙完成任务，影响质量。

• 降低效率：拖延怪让我们无法专心完成任务，导致效率降低，甚至有时候完全无法完成目标。

• 影响自信心：拖延常常会让我们感到自责，觉得自己没有管理好时间，久而久之，拖延怪还会损害我们的自信心。

小朋友们，拖延怪虽然很狡猾，但我们并不是对它无能为力的。接下来，我们要学习一些实用的技巧，帮助我们打败拖延怪，让时间重新掌握在自己手中。

如何打败拖延怪

要打败拖延怪，我们需要掌握一些简单但非常有效的技巧。这些技巧不仅能帮助我们避免拖延，还能让我们在完成任务时更加专注和高效。

技巧1：设定小目标，分解任务

拖延怪的第一个伎俩就是让任务看起来非常巨大和难以完成。它会让我们觉得任务太复杂，以至于我们不敢开始。因此，第一步就是把大任务分解成小目标，让它看起来不那么吓人。

浩浩在写作业时，常常觉得整篇作文太难了，不知道该从哪里开始。于是，拖延怪就趁机出现，让他觉得可以先玩一会儿再开始。但后来，浩浩学会了把写作业分解成几个小目标，比如先写一个开头，接着写一段内容，然后再逐步完成整篇作文。

小朋友们，当你们面对大的任务时，可以尝试把它分解成几个小目标。比如做作业时，可以先完成几道题目，然后休息一会儿，再继续完成剩下的部分。这样任务看起来就不再那么可怕，也更容易开始了。

技巧2：设定时间限制，用"番茄钟"方法

拖延怪总是让我们觉得还有很多时间，所以它会鼓励我们拖延。然而，时间并不像我们想象得那样充足，因此设定时间限制可以帮助我们集中精力，更好地完成任务。

浩浩学到了一个有趣的方法，叫做"番茄钟方法"。这个方法的核心是：设定一个定时器，比如25分钟，在这段时间内专注于一个任务，不分心。25分钟后，可以休息5分钟，然后再开始下一个25分钟的任务周期。

通过这种方法，浩浩发现自己在短时间内更容易集中注意力，并且不容易被拖延怪打扰而分心。他每次完成一个25分钟的任务时，都会有一种成就感,这让他更愿意继续完成接下来的任务。

小朋友们,你们也可以尝试使用"番茄钟方法"。设定一个定时器,在规定时间内全神贯注地完成任务,然后给自己一些短暂的休息。这种方法不仅能帮助你们避免拖延,还能提高工作效率。

技巧3:提前准备工作环境,减少分心

拖延怪喜欢在我们分心时悄悄潜入。因此,提前准备好工作环境,减少可能的干扰,是打败拖延怪的重要一步。

浩浩发现,每次他在做作业时,如果周围有很多分心的东西,比如手机、游戏机或电视,他就很容易被拖延怪引诱,结果一拖再拖。后来,浩浩学会了在开始做作业之前,先把所有可能分心的东西收起来,确保自己的学习环境整洁安静。

小朋友们,你们可以像浩浩一样,在开始任务之前,先检查一下周围的环境,确保没有东西会打扰你们的专注力。比如,可以把手机调成静音、关闭电视或计算机中的游戏窗口。这样,拖延怪就没有机会来打扰你们了。

技巧4:设定奖励机制,保持动力

拖延怪还有一个伎俩,就是让我们失去动力,觉得任务枯燥无味。为了避免被拖延怪影响,我们可以为自己设定一些小奖励,保持动力。

浩浩决定为自己设定一个奖励机制。每当他完成一个小目标时,比如做完数学作业或练习钢琴,他就可以奖励自己看一集喜欢的动画片或者吃一个小甜点。通过这种方式,浩浩保持了对学习任务的动力,同时也让任务变得不再那么枯燥。

小朋友们,你们也可以设定属于自己的奖励机制。每当你们完成了一个小目标,可以奖励自己做一些让你们开心的事情。这不仅能帮助你们保持动力,还能让你感到任务的完成是值得的。

技巧5：开始行动，打破"拖延魔咒"

最后，打败拖延怪的最重要一招就是——立即行动。拖延怪总是想方设法让我们不开始任务，但一旦我们真正开始行动，拖延怪的魔力就会迅速消失。

浩浩发现，每次他真正开始做作业时，拖延怪的影响会迅速减弱，反而他会进入一种"心流状态"，感觉任务其实并没有想象中那么难。只要迈出第一步，接下来的任务就会变得越来越容易。

小朋友们，如果你们发现自己在拖延，不妨对自己说："我只需要先做一点点，看看能不能坚持几分钟。"当你们迈出第一步时，你们会发现接下来的任务并没有那么困难，拖延怪很快就会被赶走。

打败拖延怪的力量：让我们更加高效和自信

通过学习如何打败拖延怪，浩浩发现自己的时间管理能力大大提升了。他不再被拖延怪控制，能够更加专注和高效地实现目标，同时他的生活也变得更加有条理。他的作业完成得更快，娱乐时间也得到了更好的安排。

小朋友们，打败拖延怪的力量在于它能让你们重新掌控自己的时间，让你们的生活更加高效和有节奏。通过一些简单的技巧，你们可以避免拖延怪的干扰，让每一天都充满成就感和进步。

未来的时间探险：继续与拖延怪战斗

随着浩浩在时间管理上的不断进步，他知道未来的时间旅程中，拖延怪还会时不时地出现，但他已经不再害怕了。他掌握了打败拖延怪的技巧，能够灵活应对，确保自己在时间的世界中不断前进。

小朋友们，你们的时间旅程中也会遇到拖延怪，但只要你们掌握了正确的应对方法，它就再也无法阻止你们前进。相信自己，你们可以战胜拖延怪，成为时间管理的真正勇士。

开始打败拖延怪吧！

现在轮到你们了，小朋友们！快去面对拖延怪，运用你们学到的技巧，打败这个偷走时间的怪物。记住，拖延怪并不可怕，只要你们掌握了正确的方法，它就再也无法干扰你们的时间旅程。

加油吧，未来的时间探险家们，你们的时间之旅充满了挑战，但只要你们坚定不移，拖延怪就会被你们打败，让我们一起向着更加高效和成功的未来前进吧！

时间的优先级游戏

　　小朋友们，你们知道吗？时间管理其实可以像一场游戏一样有趣！今天，我们要学习一种叫做"时间的优先级游戏"的方法，通过这个游戏，我们可以把任务和活动像拼图一样放在合适的位置，让它们按照重要性和紧急程度来排列。这不仅能帮助我们更好地完成任务，还能让我们在时间的世界里找到更多的乐趣。

优先级的游戏场景

　　从前，在时间王国里有一个特别的城堡叫做"优先之塔"，这座塔由不同的层级构成，每一层都代表着任务的优先级。

　　优先之塔的守护者是一位聪明的时间大师，他总是能够快速分辨出哪些任务应该放在最上面，哪些任务可以放在下面。他设计了一场特别的游戏——"优先级游戏"，任何想要成为时间管理大师的人，都必须通过这场游戏的考验。

　　一天，浩浩决定接受时间大师的挑战，参与优先级游戏。他来到优先之塔，时间大师给了他一大堆任务和活动，要求他把这些任务按照优先级排列到塔的不同层级上。浩浩发现，塔的顶层需要放置最重要的任务，而底层则可以放那些不太重要的事情。

优先级游戏的规则非常简单：你需要根据任务的"重要性"和"紧急性"来决定每个任务的位置。浩浩开始觉得这像是一场拼图游戏，每当他把一个任务放在正确的层级时，塔就会发出耀眼的光芒，表示他成功了。

小朋友们，你们也可以像浩浩一样，参加这场优先级游戏。只要掌握了游戏的规则，你们就可以轻松地把任务排列在正确的位置，让每一天都过得充实而有条理。

优先级游戏的规则

优先级游戏的规则很简单：我们要根据任务的重要性和紧急性来决定每个任务的优先级。通过这个游戏，我们可以更好地安排时间，确保最重要的任务不会被忽略。

步骤1：识别任务的"重要性"和"紧急性"

在优先级游戏中，第一步就是要学会识别每个任务的"重要性"和"紧急性"。问问自己以下几个问题：

• 这个任务是否对我的学习、生活或梦想有重要影响？

• 这个任务是否有一个明确的截止日期？

• 如果我不立即完成这个任务，会发生什么？

根据这些问题，我们可以把任务分成四种类型：

• 重要且紧急的任务：这些任务需要立刻完成，它们对你的生活或学习有着重大影响。

• 重要但不紧急的任务：这些任务对你的未来非常重要，但它们没有紧迫的时间限制。

• 紧急但不重要的任务：这些任务看起来很紧急，但它们对你的长期目标没有太大影响。

• 不紧急且不重要的任务：这些任务可以推迟甚至忽略，因为它们对你的生活和目标没有实质性的帮助。

浩浩拿到了几个任务——完成数学作业、练习钢琴、与朋友聊天、整理房间。他开始通过重要性和紧急性来分类这些任务，并决定它们应该放在优先之塔的哪个层级。

小朋友们，你们可以和浩浩一起玩这个游戏。每次你们有很多任务要完成时，先问自己这个任务有多重要，它有多紧急，然后把它放在优先级的不同层级上。

步骤2：使用优先之塔来排列任务

接下来，我们要把这些任务像拼图一样放在优先之塔的不同层级上。优先之塔有四层，每一层代表不同的优先级：

• 顶层（最重要且紧急的任务）：这些任务必须马上处理，比如今天要完成的作业或明天的考试准备。

• 第二层（重要但不紧急的任务）：这些任务对你的未来很重要，但可以根据你的时间安排来完成，比如学习新技能或阅读一本有用的书。

• 第三层（紧急但不重要的任务）：这些任务虽然看起来需要立刻处理，但它们对你的长期目标没有太大影响，比如朋友的聊天信息或一些突发的小任务。

• 底层（不紧急且不重要的任务）：这些任务可以被推迟或减少时间投入，比如玩游戏或看电视。

浩浩把他的数学作业放在了优先之塔的顶层，因为这是今天最重要且紧急的任务。如果他不完成这个任务，他的成绩可能会受到影响。接下来，浩浩把练习钢琴放在了第二层，因为这对他的音乐梦想很重要，但他可以根据自己的时间安排来练习。

小朋友们，你们也可以尝试把任务按照优先级放在优先之塔的不同层级上。通过这种方式，你们可以更清楚地看到哪些任务应该优先处理，哪些任务可以稍后再做。

步骤3：开始行动，把任务当作游戏完成

一旦你们把任务放在优先之塔上，就可以开始行动了。这个时候，优先级游戏变成了一个完成任务的挑战，每当你完成一个任务时，你就可以把它从优先之塔上移除。

浩浩发现，当他完成了顶层的任务时，他感觉非常有成就感，因为他知道自己已经解决了最重要的事情。他接着开始处理第二层的任务，确保自己每天都在为未来的目标努力。

小朋友们，优先级游戏的乐趣在于它能让任务完成的过程变得像游戏一样有趣。每当你完成一个任务时，就像闯过了一关，你可以奖励自己，让任务完成充满成就感。

步骤4：不断调整优先级

优先级游戏的最后一个步骤就是学会灵活调整任务的优先级。生活中，任务的优先级可能会发生变化，因此我们需要根据实际情况来调整优先之塔上的任务位置。

有时候，浩浩发现他遇到了一个新的紧急任务，这个任务需要立刻完成，比如学校突然布置的家庭作业。于是，他把这个新任务放在优先之塔的顶层，而原本的任务则被推迟到第二层或第三层。

小朋友们，当你们遇到新的任务时，可以随时调整优先级，让每个任务都放在正确的位置。这样你们可以灵活应对时间中的变化，确保最重要的事情总是得到优先处理。

优先级游戏的力量：让任务管理变得有趣和有效

通过优先级游戏，浩浩发现任务管理变得更加有趣了。他不再感到任务堆积如山，而是能够通过游戏的方式把任务一个个完成。他的学习效率提高了，生活也变得更加有条理。

小朋友们，优先级游戏的力量在于它能让任务管理变得轻松有趣。通过这个游戏，你们可以更加高效地完成任务，同时享受到游戏带来的成就感。

未来的时间探险：继续玩优先级游戏

随着浩浩在优先级游戏上的进步，他知道未来他会遇到更多的任务挑战，但他已经不再害怕了。他学会了如何快速分辨任务的优先级，确保每个任务都能够得到合理安排。

小朋友们，你们的时间旅程中也会遇到许多任务，但只要你们掌握了优先级游戏的技巧，未来的任务管理将变得更加简单而有趣。相信自己，你们可以通过这个游戏掌握时间，让每一天都充满成就感。

开始你的优先级游戏吧！

现在轮到你们了，小朋友们！快去参加优先级游戏，把你们的任务按照重要性和紧急性排列到优先之塔的不同层级上。记住，这个游戏不仅帮助你们管理时间，还能让你们在完成任务时享受到更多的乐趣。

加油吧，未来的时间探险家们，你们的优先级游戏正在等待你们去开启，让我们一起在这个有趣的时间世界中玩转每一个任务吧！

让学习与玩耍共舞

小朋友们，你们有没有想过，学习和玩耍其实可以像跳舞一样和谐地在一起？很多时候，我们觉得学习和玩耍是对立的，要么学习，要么玩耍，很难两者兼得。但今天，我们要学习如何让学习和玩耍共舞，让它们像一对舞伴一样，在我们的时间舞台上和谐共处。

学习与玩耍的故事

在时间王国中，有两个重要的城堡：学习城堡和玩耍乐园。每一天，城堡里的孩子们都要选择是去学习城堡完成任务，还是去玩耍乐园享受欢乐的时光。有些孩子认为学习太辛苦了，便总是选择去玩耍乐园；而另一些孩子认为只有不断学习才能成功，所以他们一直留在学习城堡里，几乎从不玩耍。

一天，时间王国的守护者——智慧之树，召集了城堡里的所有孩子。她告诉他们："学习和玩耍并不是对立的。它们就像跳舞的伙伴，如果你们学会如何让它们在时间的舞台上共舞，你们就能既享受学习的乐趣，也能感受到玩耍的欢乐。"

智慧之树为每个孩子制订了一个特别的计划，帮助他们在学习和玩耍之间找到平衡。她告诉孩子们："你们需要像跳舞一样，规划好学习和玩要的节奏。只有当它们相互配合时，你们的生活才能更加充实和快乐。"

浩浩听了非常好奇，他决定学习如何让学习和玩耍"共舞"。他想知道，在一天的时间里，如何既能好好学习，又能开心玩耍，让每一个时刻都充满意义。

学习与玩耍的共舞法则

让学习和玩耍共舞的秘诀就在于学会平衡。当我们能够合理安排时间，让学习和玩耍相互交替，互相配合时，我们的生活就会变得更加快乐和高效。让我们一起来学习如何让学习和玩耍共舞吧！

步骤1：设定学习与玩耍的时间节奏

舞蹈有节奏，学习和玩耍也应该有节奏。要让学习和玩耍共舞，首先我们需要设定一个合理的时间节奏。学习和玩耍不应该相互打扰，而是要根据不同的时间段交替进行。

浩浩决定为自己设定一个时间节奏。他设计了一种叫做"学习—玩耍循环"的方法，每当他完成一段时间的学习后，就会给自己安排一段玩耍的时间。这样，他既能专心完成学习任务，又能享受玩耍的乐趣。

浩浩的时间节奏如下：

（1）学习时间：25分钟

在这段时间里，浩浩专注于学习或完成作业。他不会让任何玩耍的事情打扰他，因为他知道，玩耍时间很快就会到来。

（2）玩耍时间：10分钟

在完成学习任务后，浩浩会奖励自己10分钟的玩耍时间。他可以选择玩喜欢的玩具、看一集动画片，或者到外面散散步。

这个时间节奏让浩浩感到学习和玩耍相互平衡。他既能高效地学习，也能充分享受玩耍的时光。

小朋友们，你们也可以像浩浩一样，设定一个学习与玩耍的时间节奏。通过这种方法，你们不仅能更好地完成任务，还能避免感到疲劳和厌倦。

步骤2：把玩耍当作奖励，保持学习动力

为了让学习和玩耍更好地共舞，我们可以把玩耍当作学习后的奖励。每当我们完成一个学习任务时，就可以给自己一段时间的玩耍，这样我们既能保持学习的动力，又能享受到玩耍的乐趣。

浩浩发现，当他把玩耍作为学习的奖励时，他的学习动力变得更强了。他知道只要他专心完成学习任务，就能得到玩耍的机会。这种奖励机制让他在学习时更加专注，也让他在玩耍时更加尽兴。

小朋友们，你们也可以试着把玩耍当作学习后的奖励。每当你们完成了一个学习任务，就给自己一段时间去做自己喜欢的事情。这不仅能让你们更加享受学习的过程，还能让玩耍变得更加有意义。

步骤3：找到有趣的学习方式，让学习变得像玩耍

有时候，我们可以把学习变得像玩耍一样有趣。通过找到有趣的学习方式，学习和玩耍就不再是对立的，而是可以结合在一起的。

浩浩发现，当他用游戏的方式来学习时，学习变得不再枯燥。例如，他在背单词时会设计一个小比赛，挑战自己在规定时间内记住更多的单词；在数学学习中，他会把解题看作是解谜游戏，找到正确答案就像破译一个密码。

这种有趣的学习方式让浩浩觉得，学习也可以像玩耍一样充满乐趣。他再也不会因为学习而感到无聊，因为他知道，学习本身也可以是一场游戏。

小朋友们，你们也可以尝试找到有趣的学习方式。把学习变得像玩耍一样，这样你们在学习时不仅能获得知识，还能感受到游戏的快乐。

步骤4：制订每日计划，让学习和玩耍互相配合

为了让学习和玩耍更好地共舞，我们需要制订一个合理的每日计划，确保两者能够互相配合，而不是互相打扰。

浩浩决定为自己制订一个每日计划。在计划中，他会清晰地标出学习时间和玩耍时间。这样，他既能保证每天有足够的时间完成学习任务，又能有时间去玩耍和放松。

浩浩的周日计划示例：

7：00～7：30 起床和早晨活动

7：30～8：00 吃早餐

8：00～10：00 学习时间

10：00～10：30 玩耍时间

10：30～12：00 完成作业

12：00～13：00 午饭和休息

13：00～14：30 学习新技能（比如练习乐器或阅读）

14：30～15：00 玩耍时间

15：00～17：00 自由时间，可以选择学习或玩耍

17：00 以后：家庭时间和休息

通过这种方式，浩浩的每一天都变得有条不紊，他可以在学习和玩耍之间找到平衡，既不浪费时间，也不会感到压力。

小朋友们，你们也可以制订自己的每日计划，把学习和玩耍安排得井井有条。这样，你们既能享受学习的乐趣，又能尽情玩耍，生活会变得更加充实。

学习与玩耍共舞的力量：让生活更加平衡和快乐

通过学习如何让学习与玩耍共舞，浩浩发现自己的生活变得更加平

衡。他不再因为学习而感到压力，也不再因为玩耍而感到内疚。他能够高效地完成学习任务，同时也能充分享受玩耍带来的快乐。

小朋友们，让学习和玩耍共舞的力量在于它能帮助你们在生活中找到平衡。通过合理安排时间，你们可以既享受学习的成就感，又不失去玩耍的乐趣。

未来的时间探险：让学习与玩耍继续共舞

随着浩浩在时间管理上的不断进步，他知道未来他会有更多的学习任务和玩耍机会，但他已经不再害怕失去平衡。他学会了如何让学习和玩耍共舞，让它们相互配合，而不是相互冲突。

小朋友们，你们的时间旅程中也会有很多学习和玩耍的机会。只要你们学会如何让它们共舞，未来的生活将会更加充实和快乐。

开始让学习与玩耍共舞吧！

现在轮到你们了，小朋友们！快去制订你们的时间计划，让学习和玩耍像舞伴一样互相配合。记住，学习和玩耍并不冲突，只要你们找到平衡，它们就能一起在时间的舞台上跳出最美丽的舞蹈。

加油吧，未来的时间探险家们！让我们一起在学习和玩耍中找到快乐的节奏，让每一天都充满成就感和欢乐吧！

第五章

第4步
勇敢的时间冒险日记

- 时间的冒险日记

- 时间之剑与时间盾牌

- 坚持小勇士的力量

- 小小成就奖章

时间的冒险日记

小朋友们，你们有没有想过，时间就像是一场大冒险，每一天我们都在这个神秘的世界里经历着各种有趣的挑战？今天，我们要学习如何用一种特别的方式记录下我们的时间旅程，那就是时间的冒险日记。通过写下每天的时间经历，你们不仅能更好地管理自己的任务，还能反思和发现时间中的秘密，让自己变得更加高效和快乐。

时间冒险日记的故事

从前，在时间王国的深处，有一本神奇的书，叫做《时间的冒险日记》。这本日记由时间王国的守护者代代传承，每一个冒险家都可以通过写下自己的时间冒险来记录他们的进步、发现和遇到的挑战。这本书有一个特别的魔力，那就是每当你写下一天的时间旅程时，它就会发出微弱的光芒，帮助你反思你在时间中经历的点点滴滴。

一天，浩浩在森林里发现了这本神奇的时间冒险日记。他充满好奇地打开它，发现日记的第一页写着："每天的时间都是一段冒险旅程。通过记录你的冒险，你会发现时间中的魔法，学习到更好的时间管理方法。"浩浩决定接受这个挑战，从那一天开始，他每天都记录下自己的时间旅程。

每当浩浩完成一天的任务，他就会打开这本冒险日记，写下他一天的经历和感受。他记录下自己遇到的挑战、完成的任务以及从中学到的时间管理技巧。渐渐地，浩浩发现，时间冒险日记不仅让他变得更加有条理，还让他每天都能从中学到新的东西。

小朋友们，你们也可以像浩浩一样，开始记录自己的时间冒险日记。通过这种方式，你们可以更好地管理时间，同时发现时间中的秘密，逐步成为时间的管理大师。

如何写时间的冒险日记

写时间的冒险日记并不复杂，它就像是每天记录下自己的时间故事。通过这种方式，你们可以反思自己的时间利用情况，找出哪里做得好，哪里还需要改进。让我们一起来看看如何写好时间的冒险日记吧！

步骤1：记录每天的任务和活动

首先，时间冒险日记的第一步就是记录下每天完成的任务和活动。这是你们的冒险旅程，你们需要写下自己一天中做了哪些事情。

浩浩在他的一天结束时，拿起时间冒险日记，写下了他当天的任务和活动。例如：

- 上午：完成数学作业，练习钢琴
- 中午：帮助妈妈整理房间
- 下午：复习明天的考试，阅读故事书
- 晚上：和朋友一起玩耍，看动画片

通过记录这些活动，浩浩可以清楚地看到自己一天的时间都用在哪些地方，这让他能够反思自己的时间利用是否合理。

小朋友们，你们也可以在一天结束时，写下自己完成了哪些任务和活动。通过记录这些时间片段，你们可以更加了解自己每天的时间是如何分配的。

步骤2：反思时间的使用，找出成功与挑战

接下来，时间冒险日记的第二部分就是反思。反思是帮助你们发现自己哪里做得好、哪里还有进步空间的关键步骤。

浩浩在日记中写道："今天我顺利地完成了数学作业和钢琴练习，但在复习考试时，我有点分心，没有完全专注于任务。我需要想办法下次更好地集中注意力。"通过这种反思，浩浩能够发现自己的时间管理中哪里还需要改进，并且在未来更好地管理时间。

小朋友们，反思是时间冒险日记中最重要的一部分。通过写下你们的成功和遇到的挑战，你们可以逐步改进自己的时间管理方法，变得越来越高效。

步骤3：设定明天的目标与计划

时间冒险日记不仅是记录过去的工具，它还是帮助你们规划未来的好帮手。在日记的最后一部分，你们可以设定明天的目标和计划。

浩浩决定在日记中写下他周日的目标："明天我要早起，首先完成英语作业，然后在午饭前复习数学，确保自己为周一的考试作好充分的准备。下午我会练习20分钟的钢琴，再安排一些放松的时间。"通过这种方式，浩浩能够为第二天提前做好计划，确保自己有清晰的目标。

小朋友们，你们也可以在日记中设定自己明天的目标和计划。通过提前规划，你们会发现第二天的任务变得更加有条理，同时你们也能更好地掌控时间。

步骤4：记录有趣的发现和感悟

时间冒险日记不仅仅是任务和计划的记录，它也是你们发现时间中的乐趣和感悟的地方。在这一部分，你们可以写下自己在时间管理中发现的有趣细节或者从中学到的生活小智慧。

浩浩在一天结束时写道："今天我发现，当我设定小目标时，完成任务变得更加容易。比如，当我把钢琴练习分成几段时，我觉得任务不再那么难完成了。"通过记录这些小发现，浩浩不仅能够提高自己的时间管理能力，还能从中享受时间带来的乐趣。

小朋友们，时间冒险日记是你们发现生活小智慧的地方。每当你们在时间管理中发现有趣的技巧或方法时，记得把它们写下来，这样你们可以不断积累经验，并且在未来的时间管理中变得更加聪明。

步骤5：保持日记的连续性，见证自己的成长

写时间冒险日记的最后一个步骤就是保持连续性。每天都写下你们的时间经历，记录你们的成功、挑战、目标和感悟，这样你们就能见证自己的成长和进步。

浩浩坚持每天写时间冒险日记，几个月后，他回过头来看自己的日记，发现自己在时间管理上取得了很多进步。他不再被任务堆积所困扰，也不再觉得时间不够用。通过每天的反思和计划，浩浩学会了如何更好地利用时间，并且感到自己的生活变得更加充实。

小朋友们，时间冒险日记是一段长期的旅程。通过每天记录你们的时间冒险，你们可以不断提高自己的时间管理能力，并且在未来的日子里变得更加高效和自信。

时间冒险日记的力量：让我们更好地掌控时间

通过写时间冒险日记，浩浩发现自己能够更好地掌控时间。日记帮助他整理思绪，规划未来，并且积累了很多宝贵的时间管理经验。每一天，他都能看到自己的进步，并且感到自己在时间的世界里越来越游刃有余。

小朋友们，时间冒险日记的力量在于它帮助你们反思过去、规划未来，并且不断提升自己的时间管理技巧。通过这种方式，你们不仅能更好地完成任务，还能从时间管理中发现乐趣和成就感。

未来的时间探险：继续写时间的冒险日记

随着浩浩在时间管理上的不断进步，他知道未来的时间旅程中还会有更多的挑战和发现。但他已经不再害怕了，因为他有了时间冒险日记这个好帮手。他会继续每天记录自己的时间旅程，反思自己做得好的地方，改进不足之处，并且为未来做好计划。

小朋友们，你们的时间旅程中也会有无数的冒险和挑战。只要你们坚持写时间冒险日记，未来的时间管理将变得更加轻松和有趣。你们可以通过这个日记不断成长，最终成为时间管理的真正大师。

开始写你的时间冒险日记吧！

现在轮到你们了，小朋友们！快去拿起笔，开始写下你们的时间冒险日记吧。记住，通过记录你们的时间经历、反思和规划，你们可以更好地掌控时间，让每一天都变得更加充实和有意义。

加油吧，未来的时间探险家们！让我们一起在时间的世界中书写属于你们的冒险日记，发现时间中的魔法，迈向更加高效和快乐的未来吧！

时间之剑与时间盾牌

　　小朋友们，在我们勇敢地进行时间的冒险旅程时，难免会遇到一些困难和挑战。这些困难可能让我们感到有些害怕，但别担心，我们有时间之剑和时间盾牌这样的神奇武器，它们将帮助我们战胜一切挑战，顺利完成任务。今天，我们要学习如何使用这些工具，勇敢地面对时间旅途中的各种困难。

时间之剑与盾牌的故事

　　在时间王国里，流传着一个古老的传说。每一位勇敢的时间冒险家都拥有一把神奇的"时间之剑"和一面坚固的"时间盾牌"。时间之剑象征着行动的力量，帮助冒险家们斩断所有阻挡他们前进的困难；而时间盾牌则代表保护与坚持，能够抵挡住各种挑战和干扰，让冒险家们保持专注，继续前进。

　　有一天，浩浩在时间的冒险旅途中遇到了几个大难题。首先，他的学习任务堆积成山，让他不知从哪里开始；接着，朋友邀请他去玩耍，但他知道自己还有很多任务没有完成；最后，他发现自己有时容易分心，无法专心完成任务。这些困难让浩浩感到有些灰心。

　　就在浩浩犹豫不决的时候，时间王国的守护者出现在他面前。守护者递给浩浩一把光芒四射的时间之剑和一面坚固无比的时间盾牌。

她告诉浩浩："这把剑和这面盾牌将帮助你战胜所有的困难与挑战。记住，时间之剑代表着行动，帮助你果断开始任务；而时间盾牌将为你提供坚持的力量，保护你不被打扰，让你专注完成任务。"

浩浩充满了力量，握紧时间之剑和时间盾牌，决定勇敢地面对挑战，完成他的任务。他相信，只要他学会使用这两件武器，没有什么困难是无法战胜的。

小朋友们，你们也可以像浩浩一样，使用时间之剑和时间盾牌来应对你们在时间旅程中遇到的挑战。只要你们勇敢地行动，并且学会坚持，任何困难都不能阻止你们前进。

如何使用时间之剑与盾牌应对困难

在时间的冒险旅途中，时间之剑和盾牌是我们最强大的武器。通过学会使用它们，你们可以面对各种时间管理中的挑战，并找到解决问题的办法。让我们一起来学习如何使用这些武器吧！

步骤1：时间之剑——立即行动，果断开始任务

时间之剑象征着行动的力量。当我们面对困难时，第一步就是要勇敢地行动起来，而不是犹豫不决或推迟任务。时间之剑帮助我们打破拖延的魔咒，让我们能够果断地开始任务，迈出第一步。

浩浩知道，堆积的作业任务让他感到压力山大，但时间之剑提醒他，行动是战胜困难的关键。他决定立即行动，拿出作业本，开始解决第一道数学题。尽管任务看起来很重，但只要迈出第一步，他就觉得一切变得容易多了。

小朋友们，当你们遇到困难时，时间之剑会提醒你们：不要害怕任务的大小，果断地开始行动吧！一旦你们开始行动，任务就会一步步被完

成，困难也会被逐一解决。

技巧：分解任务，逐步完成

为了更好地使用时间之剑，我们可以学会分解任务。把一个大任务拆解成几个小步骤，每完成一个小步骤，就像劈开了一块困难的石头。通过这种方式，任务不再显得那么可怕，而是可以逐步完成的简单步骤。

浩浩将他的数学作业分解成几个部分：首先完成前两道题目，然后休息一会儿，再继续完成剩下的题目。这样一来，他觉得任务变得更容易了，也不再感到有压力。

小朋友们，当你们遇到大任务时，可以尝试分解任务，这样你们就能逐步完成它们，减少压力。

步骤2：时间盾牌——坚持不懈，保护自己不被干扰

时间盾牌代表着保护与坚持。在时间的冒险旅途中，我们经常会遇到各种干扰和诱惑，比如朋友的邀请、手机上的消息，或者是自己想要放松的念头。时间盾牌能够帮助我们抵挡这些干扰，保护我们保持专注，继续前进。

浩浩发现，每次他开始学习时，总有一些干扰会出现，比如手机的通知声或者朋友的邀请。这时候，他会拿起时间盾牌，告诉自己："我必须坚持完成我的任务，不能被这些干扰打败。"通过这种方式，浩浩能够抵挡住诱惑，坚持完成他的作业。

小朋友们，当你们遇到干扰或诱惑时，可以使用时间盾牌来保护自己。只要你们坚持不懈地完成任务，不让干扰打断你们的节奏，任务就会变得更加容易完成。

技巧：设定专注时间，远离干扰

为了更好地使用时间盾牌，我们可以设定专注时间，并且尽量远离可能的干扰。专注时间是你们集中精力完成任务的时段，在这个时间段内，你们可以关闭手机通知、暂时离开娱乐设备，确保自己不受外界打扰。

浩浩设定了一个30分钟的专注时间，在这段时间里，他关闭了手机，专心完成他的作业和复习。通过设定专注时间，浩浩发现自己能够更加高效地完成任务，干扰减少了，任务的质量也提高了。

小朋友们，你们可以设定属于你们的专注时间，让自己在这段时间里全神贯注完成任务，避免分心和干扰。

步骤3：应对意外的挑战——灵活调整计划

在时间的冒险旅途中，有时候我们会遇到一些突如其来的挑战或意外情况。这时候，我们需要灵活使用时间之剑和时间盾牌，做出相应的调整，确保任务仍然能够顺利完成。

有一天，浩浩原本计划好下午完成作业，但突然收到通知，他必须参加一个临时的家庭活动。这让浩浩有些紧张，因为他的作业还没有完成。于是，他灵活调整了计划，决定在家庭活动结束后，通过使用时间之剑和时间盾牌加快作业的完成速度，并且坚持完成任务。

小朋友们，当你们遇到意外的挑战时，不要慌张。学会灵活调整计划，重新分配时间，并且果断行动和坚持完成任务，这样你们依然可以克服挑战。

技巧：保持弹性，学会调整计划

为了应对意外的挑战，我们需要保持计划的弹性，也就是不要把时间安排得过于紧张，留出一些应对意外的时间。这样，即使遇到突发情况，你们也能灵活调整任务的顺序或时间，确保计划仍然能够顺利进行。

浩浩在他的计划中留出了一个"机动时间段"，用来应对突发情况。这样，当意外发生时，他不会感到过于紧张，而是能够灵活调整，继续前进。

小朋友们，你们可以在制订计划时留出一些机动时间，确保自己有足够的灵活性来应对各种挑战和意外情况。

时间之剑与盾牌的力量：让我们无所畏惧

通过学习如何使用时间之剑与盾牌，浩浩发现自己在面对困难和挑战时变得更加自信和坚强了。他不再害怕任务的堆积，也不会因为外界的干扰而分心。时间之剑帮助他果断行动，开始任务；时间盾牌则让他坚持不懈，保护自己不被干扰。

小朋友们，时间之剑和盾牌的力量在于它们能够帮助你们在时间的冒险旅途中勇敢前行，战胜各种困难。只要你们学会了如何使用这些工具，未来的任务和挑战将变得更加容易解决。

未来的时间探险：继续使用时间之剑与时间盾牌

随着浩浩在时间管理上的不断进步，他知道未来的时间旅程中还会有更多的挑战和意外。但他不再感到害怕，因为他已经学会了如何使用时间之剑和盾牌来应对这些困难。他相信，只要保持行动和坚持，任何挑战都无法阻挡他前进的步伐。

小朋友们，你们的时间旅程中也会遇到许多困难和挑战。只要你们学会使用时间之剑和时间盾牌，勇敢行动并坚持不懈，你们一定能够战胜所有的困难，取得成功。

开始使用时间之剑与时间盾牌吧！

现在轮到你们了，小朋友们！快去拿起你们的时间之剑，勇敢行动，开始完成任务。记住，同时也要握紧时间盾牌，保护自己不被干扰，坚持到底。通过这种方式，你们将在时间的世界中无所畏惧，勇敢地迎接每一个挑战！

加油吧，未来的时间探险家们！让我们一起用时间之剑和时间盾牌，战胜所有的困难和挑战，迈向更加高效和成功的未来吧！

坚持小勇士的力量

小朋友们，你们知道吗？在时间的冒险旅程中，最强大的力量并不是跑得最快，也不是跳得最高，而是坚持。坚持是一位不怕困难、不怕挫折的小勇士，它能够帮助我们完成最艰难的任务，并在时间的旅途中不断进步。今天，我们要学习如何成为一位坚持的小勇士，用坚持的力量走向成功。

坚持小勇士的故事

从前，在时间王国里有一位勇敢的小冒险家，名叫小艾。小艾有一个特别的梦想，那就是爬上王国最高的山峰。这座山非常高，许多大人都尝试过，但因为太难，没有一个人成功。尽管如此，小艾从未放弃这个梦想。他相信，只要他一步一步地走，不断坚持，总有一天他会到达山顶。

每天，小艾都会早起出发，带着他的背包，勇敢地向山顶进发。虽然路途遥远而艰难，天气有时也很恶劣，但小艾从不放弃。无论遇到什么困难，他总是告诉自己："我只需要再坚持一下，再往前走一步，我就会离梦想更近。"

有一天，时间王国的守护者注意到了小艾的坚持。守护者给了他一个特别的礼物——坚持勇士的徽章，这枚徽章象征着不屈不挠的精神。只要小艾戴上它，他就会感受到坚持的力量，能够继续前进，直到到达山顶。

小艾继续他的旅程，终于有一天，他站在了山顶上，俯瞰整个时间王国。那一刻，他感受到了无比的成就感和喜悦，因为他知道，是坚持的力量让他实现了这个看似不可能的梦想。

小朋友们，坚持小勇士的力量就在于它能让我们无论遇到多大的困难都不轻言放弃。只要我们坚持不懈地向前走，最终我们都会到达属于自己的"山顶"。

如何成为坚持的小勇士

要成为一位坚持的小勇士，我们需要学习一些特别的技巧。通过这些技巧，我们可以在时间的旅途中保持专注和毅力，不断向前。让我们一起来看看如何使用这些坚持的力量吧！

步骤1：设定小目标，一步一步前进

成为坚持的小勇士的第一步就是设定小目标。有时候，面对大任务和长时间的挑战，我们可能会感到害怕或疲惫。这时候，我们可以把任务分解成一个个小目标，并且每次只专注于完成一个小目标。

浩浩曾经感到准备考试非常困难，他不知道如何一下子复习那么多知识。但后来，他学会了坚持小勇士的力量——设定小目标。他决定每天只复习一个章节的内容，而不是试图一下子复习所有内容。通过这种方式，浩浩逐步完成了复习，最终取得了好成绩。

小朋友们，当你们面对大任务时，可以设定小目标。只要坚持完成一个又一个小目标，最终你们会发现自己已经走得很远，完成了所有任务。

技巧：庆祝每个小成就

每当你们完成一个小目标时，记得庆祝一下。这不一定需要很大的庆祝，只要让自己感受到成就感，比如给自己一段休息时间，或者享用一块喜欢的小点心。通过庆祝小成就，你们可以保持动力，并且更加愿意继续前进。

浩浩每次完成一个小目标时，都会给自己一段时间去玩他最喜欢的游戏，作为对自己坚持的奖励。通过这种方式，他不仅感受到了坚持带来的成就感，还保持了学习的动力。

步骤2：保持积极的心态，不怕失败

成为坚持的小勇士的第二步，就是学会保持积极的心态。在时间的冒险旅途中，我们难免会遇到一些失败或挫折，这时候，积极的心态能够帮助我们继续前进，而不是被失败打败。

浩浩有一次在参加学校的跑步比赛时，尽管他一直很努力，但最后并没有赢得比赛的第一名。他感到有些失落，但他的老师告诉他："胜负并不重要，重要的是你坚持完成了比赛，并且在比赛中学到了很多。每一次的失败都是下一次成功的准备。"

听了老师的话，浩浩决定继续努力训练，而不是被一次失败打败。他保持着积极的心态，相信只要自己坚持不懈，总有一天会取得成功。

小朋友们，保持积极的心态是成为坚持小勇士的重要一步。无论遇到什么样的困难或挫折，都不要轻易放弃，而是告诉自己："这只是我冒险旅途中的一个挑战，我会继续前进，直到实现我的目标。"

技巧：学会从失败中学习

失败并不可怕，关键是学会从失败中总结经验，找到改进的地方。每一次失败都是学习的机会，帮助你们变得更加坚强和聪明。

浩浩在跑步比赛后，总结了自己的经验，他发现自己需要加强耐力训练。通过这次失败，他知道了如何更好地提高自己的跑步能力，并在随后的比赛中取得了好成绩。

步骤3：每天前进一点点，积累坚持的力量

成为坚持的小勇士的第三步，就是每天前进一点点。坚持的力量并不需要表现得轰轰烈烈，只要每天都有一点点进步，长期坚持下来，你们就会看到惊人的成果。

浩浩决定每天复习15分钟的英语单词，尽管时间不长，但他每天都坚持这样做。几个月后，他发现自己已经掌握了大量的单词，他的英语水平也有了显著的提高。

小朋友们，成为坚持的小勇士并不意味着每天都要完成大量的任务，有时候每天前进一点点就足够了。通过每天一点点的进步，你们会发现自己在不知不觉中变得越来越优秀。

技巧：记录进步，保持动力

为了让坚持的力量更加强大，你们可以记录自己的进步。每当你们完成一个小目标或有了一些进步时，记得把它写下来。通过记录，你们可以看到自己每天的成长，并且保持动力继续坚持下去。

浩浩每天都会在他的时间冒险日记里记录下自己的进步，比如"今天我又复习了15个单词，感觉自己的英语词汇量越来越多了"。通过记录进步，他感受到坚持带来的变化，并且更加愿意每天坚持下去。

步骤4：寻找支持与鼓励

成为坚持的小勇士有时候会感到孤单，这时候我们需要寻找支持与鼓励。家人、老师和朋友都是你们最好的支持者，他们可以在你们感到疲惫或遇到困难时给予你们鼓励，帮助你们继续坚持下去。

浩浩在复习时有时会感到有些累，这时候他的妈妈会鼓励他，告诉他："你已经做得很好了，只要再坚持一会儿，你就会看到成果。"这种支持让浩浩感到自己并不是一个人在战斗，他的坚持变得更加有力量。

小朋友们，当你们感到坚持变得困难时，不要害怕寻求帮助和支持。

你们的家人、老师和朋友都会为你们加油打气，帮助你们找到继续前进的动力。

技巧：成为别人的支持者

坚持不仅是你们自己的一场冒险，有时候你们也可以成为别人坚持的小勇士的支持者。鼓励你们的朋友、同学或家人，让他们也能够感受到坚持的力量，大家一起进步。

浩浩的朋友有时在学习中遇到困难，浩浩会告诉他："不要放弃，我相信你能做到，只要坚持下去。"通过这种方式，浩浩不仅帮助了朋友，也感受到了坚持的力量。

坚持小勇士的力量：让我们走向成功

通过学习坚持的力量，浩浩发现自己无论遇到什么样的任务和挑战，都能够一步一步地完成。他不再因为任务的艰难而感到害怕，也不会因为暂时的失败而轻言放弃。坚持小勇士的力量帮助他在时间的冒险旅途中不断前进，最终取得了一个又一个的成功。

小朋友们，坚持小勇士的力量就在于它能让你们无论遇到多大的困难都不放弃。只要你们每天前进一点点，保持积极的心态，设定小目标并努力完成、实现它，最终你们都会到达梦想的彼岸，取得令人骄傲的成就。

未来的时间探险：继续坚持前进

随着浩浩在时间管理上的不断进步，他知道未来的时间旅程中还会有更多的任务和挑战。但他已经不再感到害怕，因为他学会了如何成为一位坚持的小勇士。他相信，只要每天坚持不懈地努力，总有一天他会实现所有的目标。

小朋友们，你们的时间旅程中也会有无数的挑战和目标。只要你们保持坚持小勇士的力量，每天前进一点点，最终你们一定会到达梦想的山顶，享受成功的喜悦。

成为坚持的小勇士吧！

现在轮到你们了，小朋友们！快去成为一位坚持的小勇士，设定你们的小目标，保持积极的心态，每天前进一点点。记住，坚持的力量可以帮助你们克服一切困难，让你们在时间的冒险旅途中走得更远、飞得更高。

加油吧，未来的时间探险家们！让我们一起用坚持的力量战胜所有的挑战，迈向更加美好的未来吧！

小小成就奖章

小朋友们，你们喜欢冒险吗？每一次冒险旅程都有危险，也充满挑战，但与此同时，冒险的成功总是带来无尽的快乐和成就感！在时间的冒险旅途中，我们也可以设定一些特别的奖励机制，就像游戏中收集成就奖章一样，来鼓励你们勇敢地面对挑战，保持动力，不断前进。今天，我们要学习如何通过成就奖章的方式来让时间管理变得更加有趣和有意义！

时间冒险的故事：成就奖章的力量

在时间王国里，年轻的时间探险家乐乐正开始他的下一段冒险旅程。他已经学会了如何设定目标、制订计划，并学会了如何优先处理任务，但有时候他仍然会感到一些疲惫和无力，特别是在面对一长串的任务时。正当乐乐感到有些沮丧时，他遇到了时间王国的守护者。她告诉乐乐一个激励人心的秘密："每一次完成任务或挑战时，你都可以获得一枚成就奖章，这些奖章代表着你在时间冒险中的成功。"

乐乐兴奋极了！每当他完成任务时，就能收到一枚小小的成就奖章，这些奖章不仅能让他感受到成就感，还会帮助他保持动力，继续前进。更重要的是，这些奖章还能帮助他更好地看到自己的进步，让他知道自己在时间的旅途中越来越强大。

从那天开始，乐乐每完成一项任务，或者克服一个挑战，都会收集到一枚成就奖章。这些小小的奖励给了他极大的动力，让他每一天都充满了干劲。

如何设定奖励机制：收集小小成就奖章

设定一个简单而有效的奖励机制并不难，你们可以通过几个简单的步骤来制订属于自己的成就奖章系统，让每一次时间的冒险都变得更有趣。

步骤1：设定目标与挑战

首先，我们需要为自己设定明确的目标和挑战。你们可以设定每日、每周或每月的目标，这些目标可以是学习、家务或者兴趣爱好的任务。无论目标是什么，确保它们具体且可实现。

例如，乐乐决定为自己设定几个小目标：

- 每天完成作业后，再复习15分钟。
- 每周练习钢琴3次，每次30分钟。
- 帮助妈妈每周末打扫一次房间。
- 控制玩游戏的时间，每天不超过30分钟。

这些小目标就像是乐乐的冒险任务，每次完成一个任务，他就能获得一枚成就奖章。

步骤2：为每个任务设定奖励标准

接下来，为每个任务设定奖励标准。当你们完成一个小目标时，就可以奖励自己一枚成就奖章，或者根据任务的难度决定获得多少奖章。

乐乐为自己的任务设定了这样的奖励标准：

- 每天完成作业和复习，就能获得一枚成就奖章。
- 每周完成3次钢琴练习后，可以得到一枚特别的"音乐成就奖章"。
- 每次帮助妈妈打扫房间后，他可以得到一枚"家务小勇士奖章"。

通过设定这些奖励标准，乐乐知道完成任务后不仅有成就感，还能收集到属于自己的奖章。

步骤3：制作你的成就奖章

你们可以发挥创造力，亲手制作属于你们的成就奖章！这些奖章可以是纸上的小勋章、贴纸，或者你们画在日记本上的小图案。每当你们完成一个任务，就可以"授予"自己一枚奖章。

乐乐决定用彩色纸制作属于自己的奖章。他把奖章剪成星星、爱心和动物的形状，每次完成任务后，他都会在墙上的奖章板上贴上一枚奖章。这不仅让他的房间看起来更有趣，还让他每天看到这些奖章时感到充满了成就感。

步骤4：为成就奖章设定特别奖励

除了日常的小奖章，你们还可以为自己设定特别的奖励。当你们收集到一定数量的成就奖章时，可以兑换一些特别的奖励，比如一段额外的游戏时间、一次小旅行，或者一个你们非常喜欢的玩具。

乐乐为自己设定了这样的特别奖励：

• 收集10枚成就奖章后，可以获得一次周末的"自由玩耍日"，那一天他可以自由选择自己喜欢的活动。

• 收集20枚成就奖章后，爸爸妈妈会带他去游乐园玩耍。

• 收集30枚成就奖章后，他可以得到他一直想要的小玩具作为奖励。

这些特别奖励让乐乐更加努力地完成每天的任务，因为他知道每一枚奖章都离他的目标更进一步。

未来的时间冒险：继续收集成就奖章

随着乐乐在时间管理上的进步，他的成就奖章板上已经贴满了五颜六色的奖章。他知道，这些奖章不仅是他努力的见证，也是他成长的象征。

每一枚奖章都让他变得更加自信和强大，也让他在时间的冒险旅途中走得更远。

　　小朋友们，你们也可以像乐乐一样，通过设定奖励机制来收集属于自己的成就奖章。每一枚奖章都代表着你们的努力和进步，它们将成为你们未来时间管理旅程中最宝贵的财富。只要你们坚持不懈，不断挑战自己，未来的每一天都将充满惊喜和成就感。

　　开始收集你的成就奖章吧！

第六章

第5步
时 间 的 魔 法 宝 库

- 时间魔法师的周总结

- 我学会了什么?

- 时间的反思魔法

时间魔法师的周总结

小朋友们，你们知道吗？在时间的世界里，每一周都是一次神奇的冒险旅程。我们完成了许多任务，学习了新的知识，也遇到了一些挑战。但时间的魔法师们有一个特别的秘密，他们会在每周结束时，花一点时间回顾自己一周的努力、进步和不足。这就是时间魔法师的周总结。

通过这个周总结，时间魔法师们可以看到自己的成长，也可以找到需要改进的地方。今天，我们要学习如何成为时间的魔法师，通过周总结来发现自己的进步，找到新的魔法，继续成长。

时间魔法师的故事

从前，在时间王国里，有一位伟大的时间魔法师，名叫艾尔。他每天都用时间魔法帮助人们管理时间、完成各种任务。每到周末，艾尔都会进行一个特别的仪式——周总结。他会坐在魔法塔的顶层，拿出他的魔法日记，回顾自己一周的时间使用情况。

艾尔会用他的魔法之笔记录下自己一周中的所有成就、遇到的困难和学到的经验。然后，他会反思：哪些任务完成得很好？哪里还可以做得更好？他还会设定下一周的目标，让自己在新的一周里继续进步。

通过这个周总结的仪式，艾尔发现自己在时间管理中越来越游刃有余。他的魔法越来越强大，能够帮助更多的人。而这就是时间魔法师最重要的魔法——持续地回顾与成长。

小朋友们，你们也可以像艾尔一样，成为时间的魔法师，通过每周的总结来提高自己的时间管理能力，发现自己的进步，继续成长。

如何进行时间魔法师的周总结

要成为一位时间魔法师，周总结是非常重要的一步。它不仅能帮助我们反思一周的表现，还能让我们发现自己的进步和不足，进而为下一周制订更好的计划。让我们一起来学习如何进行一个高效的周总结吧！

步骤1：回顾一周的任务和成绩

第一步是回顾一周的任务和成就。回顾这一周，你们完成了哪些任务？有哪些目标被成功实现了？哪些事情让你们感到特别地自豪？

浩浩在周末坐下来，拿出他的时间日记，开始回顾这一周的表现。他发现自己按计划完成了所有的作业，顺利练习了钢琴，还学会了新的数学知识。浩浩感到非常自豪，因为这一周他比前几周更专注，效率也提高了。

小技巧：当你们回顾一周时，可以把所有的成就列出来，不论大小。比如，完成了所有的作业、学会了一首新曲子、帮助了家人做家务等等。通过列出这些成就，你们可以看到自己的进步，感受到满满的成就感。

步骤2：反思遇到的困难和挑战

接下来，时间魔法师们会反思一周中的困难和挑战。这一周，你们是否遇到了一些困难？有哪些任务没有按时完成？在时间管理中遇到了哪些挑战？

浩浩回顾发现，虽然他完成了大部分任务，但有几次他被游戏吸引，导致复习的时间变少了。浩浩意识到，自己有时会被娱乐活动分散注意力，无法坚持完成所有的学习任务。

小技巧：反思并不需要让自己感到难过，而是找到改进的机会。你们可以问自己："下次我可以做些什么来避免这个问题？"通过这样的反思，你们会逐步找到改进的方法，并且变得更加自信。

步骤3：总结学到的经验

时间魔法师们不仅回顾成就和困难，还会总结学到的经验。这一周，你们学到了哪些时间管理的技巧？哪些方法对你们特别有效？是否有一些新的发现或感悟？

浩浩在这一周发现，设定具体的小目标并在每完成一个任务后给自己一些奖励，能够帮助他保持专注和动力。他学会了更加合理地安排休息时间，并且减少了过多的娱乐活动。这让他的学习效率大大提高。

小技巧：总结经验时，你们可以写下哪些方法对自己最有效。比如，浩浩发现"奖励机制"和"设定小目标"对他很有帮助。下次遇到类似的任务时，你们就可以继续使用这些有效的方法。

步骤4：制订下一周的目标和计划

最后，时间魔法师们会制订下一周的目标和计划。通过总结，你们已经发现了自己的优点和不足，接下来就是为下一周制订新的目标，让自己继续进步。

浩浩决定在新的一周里，继续保持高效的学习习惯，同时设定一个具体的目标——减少过多的娱乐时间，把更多的时间用于复习和锻炼身体。他还计划每天坚持练习钢琴，并且在周末完成一本新的故事书的阅读。

小技巧：制订下一周的目标时，确保目标是具体且可实现的。比如，"减少游戏时间"可以具体化为"每天游戏时间不超过30分钟"，这样你们就更容易实现目标。同时，为自己设定一些有趣的挑战，比如学会一项新技能或完成一本书的阅读，保持成长的动力。

时间魔法师的周总结的力量：让我们持续进步

通过每周的总结，浩浩发现自己能够更加清楚地看到自己的进步和不足。他不再为暂时的挫折感到沮丧，因为他知道，每周的总结都会帮助他找到改进的方向。时间魔法师的力量就在于不断地回顾与成长，通过这种方法，我们能够一步步变得更强大。

小朋友们，时间魔法师的周总结的力量就在于它能够帮助你们清楚地认识自己，找到进步的机会。通过回顾和反思，你们可以发现自己的优点，学会应对困难，设定新的目标，继续前行。

未来的时间探险：持续进行周总结

随着浩浩在时间管理上的不断进步，他知道周总结将会成为他未来旅程中不可或缺的一部分。每周的回顾与反思会让他更加了解自己的成长轨迹，并为他提供前进的动力。

小朋友们，你们的时间探险也会继续，而周总结将成为你们的强大工具。每一周结束时，花一点时间回顾自己的时间足迹，你们会发现自己每天都在变得更加高效和聪明。通过这样的总结，未来的时间管理将变得更加轻松和有趣。

开始时间魔法师的周总结吧！

现在轮到你们了，小朋友们！每到周末，花一些时间进行时间魔法师的周总结。回顾你们一周的成就，反思遇到的困难，总结学到的经验，并制订下一周的目标。记住，时间的魔法力量就在于不断地回顾与成长。

加油吧，未来的时间探险家们！让我们一起用周总结的力量，掌控时间，继续向前迈进，发现更加美好的未来吧！

我学会了什么？

　　小朋友们，经过这么多时间的探险，你们一定发现了，时间管理就像是一场充满惊喜的魔法旅程。每一步都是一次新的学习机会，而每一周的结束，都是我们反思和总结的时候。下面，我们要一起回顾并问自己一个非常重要的问题："我学会了什么？"这是时间魔法师们最喜欢做的事情之一，通过总结自己的收获，他们变得越来越聪明、越来越强大。

魔法师的学习之旅

　　在时间王国里，有一位年轻的时间魔法学徒，名叫小艾。他每天都在时间学院学习如何更好地掌控时间、提高效率，并帮助别人管理他们的时间。每过一段时间，小艾都会问自己："我学会了什么？"这个问题让他能清晰地回顾自己学到的新技能、新经验和新方法。

　　每次学习新魔法后，小艾会记下自己学会的咒语，比如如何利用时间之剑快速开始任务，或者如何用时间盾牌抵挡干扰。当他遇到挑战时，他会反思自己在哪些地方运用了这些技巧，哪些地方做得很好，又有哪些地方可以做得更好。

　　时间魔法学院的校长告诉小艾："记住，学习并不是单单完成任务。每一次任务完成后，你都要反思自己从中学到了什么，只有这样，你才能真正掌握时间的魔法。"小艾深深记住了校长的话，每当完成一个任务或度过一周后，他都会回顾自己学到的内容，逐渐成为了一位出色的时间魔法师。

小朋友们，你们也可以像小艾一样，通过回顾和反思，真正掌握时间的魔法。在每一周结束时，问问自己："我学会了什么？"这样，你们可以不断提升时间管理能力，变得越来越优秀。

如何总结我学会了什么？

在时间的旅程中，总结和反思是非常重要的步骤，它们能够帮助你们从任务和活动中提炼出宝贵的经验。让我们一起来学习如何总结自己学会了什么吧！

步骤1：回顾任务与活动

首先，回顾这一周你们完成的所有任务和活动。回顾的时候，不仅仅是列出你们做了什么，还要思考每一个任务带给你们的经验和教训。

浩浩回顾了他这一周完成的任务，他完成了许多作业，练习了钢琴，复习了即将到来的考试的内容。他发现，虽然任务繁重，但他通过时间管理的方法，学会了如何把大任务拆解成小步骤来逐步完成。

小技巧：每当你们完成一个任务后，记得问自己："我从这个任务中学到了什么？"通过这样的问题，你们可以发现完成任务的技巧、遇到的挑战，以及改进的方法。

步骤2：提炼经验与技巧

通过回顾任务，找出你们在这一周中学到的具体技能或方法。它们可以是你们在完成任务时发现的小窍门，也可以是面对困难时用到的新策略。

浩浩发现，在这一周中，他学会了一个非常有用的技巧：每天设定小目标，并在完成这些小目标后给自己一些奖励。这种方法让他在任务繁重的日子里也能保持动力，同时也避免了拖延。他还意识到，安排专注时间段可以让他更高效地完成任务。

小技巧：当你们提炼经验时，可以把它们写下来，作为未来遇到类似情况时的参考。比如，浩浩记下了"设定小目标"和"专注时间段"的方法，并决定在下一周继续使用这些技巧。

步骤3：反思成功与不足

学习不仅来自成功，也来自反思不足的地方。反思不足能帮助你们看到自己哪里还可以改进，为未来做好准备。

浩浩意识到，虽然他成功完成了大部分任务，但有时他会被手机或其他娱乐活动分心，导致任务延迟完成。通过反思，他决定在未来的任务中更加严格地控制娱乐时间，确保不让这些分心的事情影响他的学习效率。

小技巧：在反思不足时，问问自己："如果再做一次，我会怎么做得更好？"通过这个问题，你们可以为未来的任务找到改进的方向，并学会如何更有效地解决类似问题。

步骤4：总结收获与成长

最后，总结你们的收获与成长。这一周的学习不仅仅是完成了任务，更重要的是，你们从中得到了哪些成长？你们的时间管理能力是否有所提高？面对挑战时，你们是否更有信心？

浩浩总结了他的收获与成长，他发现自己这一周在时间管理上有了很大的进步。他不仅完成了所有计划中的任务，还学会了如何更好地分配时间、避免拖延、保持专注。他觉得自己在时间管理的旅程中走得越来越远，自己也变得越来越自信了。

小技巧：为了让收获和成长更加具体，你们可以为自己设定一些成长目标。例如，浩浩决定在未来的每周总结中反思自己的进步，并设定新一周的成长目标，让自己在时间管理上不断提升。

时间魔法师的智慧：让我们真正掌握时间

通过总结"我学会了什么"，浩浩发现自己不仅仅是完成了任务，而是从中学会了许多宝贵的时间管理技巧。这些技巧帮助他更好地掌控时间，也让他在未来的时间探险中更加自信。

小朋友们，时间魔法师的智慧就在于他们能够从每一个任务中提炼出经验和成长。通过不断学习和总结，你们会发现，时间不再是让人紧张的敌人，而是你们可以掌控的宝贵资源。只要你们持续反思和改进，你们一定能够成为真正的时间魔法师。

未来的时间探险：继续学习和成长

随着浩浩在时间管理上的不断进步，他知道，时间的魔法旅程不会停止，每一周他都会有新的学习和成长。他已经学会了如何从每一次任务中提炼经验，并通过总结来让自己不断进步。

小朋友们，你们的时间探险还会继续，而总结"我学会了什么"将会成为你们最有力的工具。通过每一周的总结和反思，你们会逐渐掌握更多的时间管理技巧，变得更加聪明、更加高效。

开始总结吧：我学会了什么？

现在轮到你们了，小朋友们！每周结束时，花一点时间问问自己："这一周，我学会了什么？"回顾你们完成的任务，提炼经验，总结成功与不足，并设定新的成长目标。通过这个简单却强大的总结方法，你们会发现自己在时间冒险的旅途中越走越远，越来越强大。

加油吧，未来的时间探险家们！让我们一起通过不断地总结和反思，掌控时间，迎接更加美好的未来吧！

时间的反思魔法

小朋友们，你们知道吗？每一个时间魔法师都有一种特别的魔法，叫做反思魔法。通过反思魔法，时间魔法师可以回顾他们在时间的冒险中所经历的一切，学会如何变得更加聪明和高效。今天，我们要学习如何使用时间的反思魔法，让它成为我们成长的秘密武器。

时间反思魔法的故事

在时间王国的远方，住着一位传奇的时间魔法师，她叫做小雅。小雅的魔法并不像其他魔法师那样专注于瞬间的奇迹，而是依靠反思来不断提升自己和帮助他人。每当她完成一个任务后，她会回到她的魔法塔，坐在一面特别的魔法镜子前。这面镜子叫做"反思镜"，它会映照出她一天中的所有经历——她成功的地方、她失败的地方，以及她可以改进的地方。

通过反思镜，小雅每一次都会发现自己的不足，并学会如何在下一次任务中变得更强大。她从不害怕失败，因为她知道，反思魔法可以让失败变成宝贵的经验，让她在未来的冒险中更加自信。

一天，浩浩来到了时间王国的反思塔，想要向小雅学习反思魔法。他很好奇，反思真的有那么神奇的力量吗？小雅微笑着告诉他："反思魔法能够让你回顾过去，帮助你找到改进的方向。每一次反思都会让你在时间的旅途中走得更远。"

于是，浩浩开始学习如何使用反思魔法。他发现，每当他花时间去反思自己的一天时，他都会发现一些新的收获，学会如何在未来更加高效地管理时间。

小朋友们，你们也可以像浩浩和小雅一样，通过使用反思魔法，让自己在时间的旅途中不断进步。反思并不需要花费很多时间，但它可以带来巨大的改变。

如何使用时间的反思魔法

反思魔法的使用方法很简单，但效果非常强大。只要你们学会定期回顾自己一天中的经历，就可以通过反思找到改进的地方，并且逐步提升时间管理的能力。让我们一起来学习如何使用这个神奇的反思魔法吧！

步骤1：回顾一天中的成功

首先，使用反思魔法的第一步是回顾一天中的成功。问问自己，今天你们完成了哪些任务？有哪些事情让你们感到特别自豪？通过回顾成功，你们可以巩固自己在时间管理中的优点，增强自信心。

浩浩在一天结束后，会坐在床边回顾自己一天的时间使用情况。他会问自己："今天我完成了什么？"例如，他成功完成了作业、练习了钢琴，并且按时准备了明天的考试。这些任务的完成让浩浩感到非常自豪。

小技巧：每天晚上花五分钟回顾你们的成功，把它们写下来。无论是完成了一个大任务，还是完成了一个小目标，每一个成功都值得被记录和庆祝。这样做可以让你们每天结束时感到成就感，并且保持积极的心态。

步骤2：反思不足和挑战

接下来，反思魔法的第二步是反思不足和挑战。成功是重要的，但反思不足同样关键。你们可以问自己："今天哪些地方做得不够好？我遇到了哪些挑战?"通过反思这些问题,你们可以找出改进的方向,避免在未来重复同样的错误。

浩浩意识到,虽然他完成了大部分任务,但有时他会在休息时间不自觉地拖延,导致下一个任务的时间被压缩。他决定下次休息时设置一个定时器,提醒自己不要花太多时间在休闲活动上。

小技巧:反思不足时,不要批评自己。相反,要把它看作是一次学习的机会。问问自己:"我可以如何改进?"这样反思的过程就会变得更加积极,并且让你们更容易找到解决问题的方法。

步骤3:总结学到的经验

反思魔法的第三步是总结学到的经验。你们今天学到了什么新的时间管理技巧?遇到的挑战给了你们哪些启示?通过总结经验,你们可以逐步提高自己的时间管理能力,让每一天都充满进步。

浩浩在反思之后,意识到设定小目标和奖励机制对他非常有效。他决定在未来的任务中继续使用这些方法,帮助自己保持专注和动力。

小技巧:每当你们总结经验时,可以写下几条最重要的发现。比如,浩浩可能会写下:"设定小目标帮助我保持专注。"这些总结会成为你们未来的指南,帮助你们在类似的情况下做出更好的决策。

步骤4:制订改进计划

最后,反思魔法的第四步是制订改进计划。通过回顾和总结,你们已经找到了可以改进的地方。接下来,就是制订一个具体的计划,帮助自己在未来的任务中避免相同的问题。

浩浩决定每天晚上制订第二天的任务计划,并且确保每个任务之间留出足够的时间用于休息。他还设定了一个目标:每次休息不超过15分钟,使用定时器提醒自己。

小技巧:制订改进计划时,确保计划是具体且可行的。比如,浩浩的

"休息不超过15分钟"就是一个具体的计划。通过这种方式，你们可以更好地跟踪自己的进步，并逐步实现目标。

时间的反思魔法的力量：让我们更好地掌控时间

通过使用反思魔法，浩浩发现自己在时间管理上变得更加有条理和高效。他不再仅仅依赖任务清单，而是学会了通过反思来不断提升自己。每次反思都会让他找到新的改进方法，让他在未来的任务中表现得更加出色。

小朋友们，反思魔法的力量在于它能够帮助你们不断回顾过去，从中提炼出经验和教训。通过定期反思，你们可以让每一天的时间使用变得更加合理，不断掌控自己的时间，迈向成功。

未来的时间探险：不断使用反思魔法

随着浩浩在时间管理上的进步，他知道反思魔法将会一直伴随在他的时间旅程中。每一天的结束，他都会使用反思魔法，回顾自己的时间使用情况，找到优点和不足，并制订新的改进计划。反思魔法让他在时间的探险中变得越来越强大。

小朋友们，你们的时间探险也会持续，而反思魔法将会成为你们最可靠的伙伴。通过定期反思，你们可以不断发现自己的成长点，找到改进的方向，变得越来越高效和聪明。

开始使用反思魔法吧！

现在轮到你们了，小朋友们！每天结束时，花几分钟时间使用反思魔法，回顾你们的成功、反思遇到的挑战，总结学到的经验，并制订改进计划。记住，反思是成长的关键，它能够帮助你们更好地掌控时间，变得越来越出色。

加油吧，未来的时间探险家们！让我们一起通过反思魔法，不断成长，迈向更加美好的未来吧！